从决所当决 到处丰之道

曾仕强 著

民主与建设出版社
Democracy & Construction Publishing House

图书在版编目（CIP）数据

易经的智慧合集／曾仕强著. --北京：民主与建设出版社，2016.4（2025.4重印）
ISBN 978-7-5139-1069-9

Ⅰ.①易…　Ⅱ.①曾…　Ⅲ.①《周易》-研究　Ⅳ.① B221.5

中国版本图书馆 CIP 数据核字（2016）第 081321 号

易 经 的 智 慧 合 集
YIJING DE ZHIHUI HEJI

责任编辑：顾客强
出版发行：民主与建设出版社有限责任公司
电　　话：（010）59417749　　59419778
社　　址：北京市朝阳区宏泰东街远洋万和南区伍号公馆4层
邮　　编：100102
印　　刷：河北环京美印刷有限公司
版　　次：2016 年 4 月第 1 版　　2025 年 4 月第 2 次印刷
开　　本：710mm×1000mm　　1/16
印　　张：107.75
书　　号：ISBN 978-7-5139-1069-9
定　　价：680.00 元（全 6 册）

注：如有印、装质量问题，请与出版社联系。

目 录

第九十五集	决所当决	1
第九十六集	邪不胜正	13
第九十七集	不期而遇	25
第九十八集	宣扬文化	35
第九十九集	聚合之道	47
第一百集	聚少离多	57
第一百零一集	积小成大	67
第一百零二集	适时上升	77
第一百零三集	处困之道	87
第一百零四集	坚持正理	97
第一百零五集	不变而通	109
第一百零六集	供养无穷	119

第一百零七集	革新之道	129
第一百零八集	顺天应人	139
第一百零九集	革故鼎新	151
第一百一十集	礼贤下士	161
第一百一十一集	奋发警醒	171
第一百一十二集	长治久安	181
第一百一十三集	大忧大定	191
第一百一十四集	止其所止	203
第一百一十五集	循序渐进	215
第一百一十六集	悠久稳健	225
第一百一十七集	情理难抉	237
第一百一十八集	知微永终	247
第一百一十九集	求丰保丰	259
第一百二十集	处丰之道	269

易经的智慧・第九十五集

决所当决

正义与邪恶，正如阴和阳，是永远共存，又斗争不休的。当正义的力量不断增益积累到一定程度后，必然迎来对邪恶力量的裁决时刻。《易经》中的夬卦正是告诫人们，惩恶扬善也要把握尺度，掌握方法。此时如果君子只是一味地想把小人除之而后快，便会招惹不必要的麻烦。那么君子如何决断，才会不生后患呢？当人们面临这种重大的决断时刻，又该依据什么做出选择呢？

第九十五集　决所当决

由不满到满，由不够到够，由不足到足，就是益卦。而夬卦（图95-1）就像水坝，当里面的水越来越满，快要超过警戒线的时候，如果不及时泄洪，其后果可能就是堤坝崩溃。

图95-1

夬，就是决的意思；决断、裁决也叫夬。夬卦，由五个阳爻和一个阴爻构成。其实，由五阳一阴组成的卦有好几个，但是，重点是这类卦的唯一阴爻身处何种位置。现在，夬卦的卦象是五阳居下，一阴居上，唯一的阴爻身处最高位。大家看了这个卦象以后，马上想到它的错卦，即下面五阴、上面一阳的剥卦（图95-2）。身处剥卦的时候，我们充满了期待。我们希望，这最后一阳不要被弄掉，要好好保存，才有种子，才能够一阳来复，重新带给我们生机和光明的未来。可是，夬卦就不一样了，现在大家的眼睛都瞪着唯一的一个阴爻，都想赶快把它干掉。这时候要特别小心谨慎，不能因为想把它去之而后快，就毫无顾忌地把它干掉。这是什么道理呢？因为最上面的一阴如果被干掉，它就会从最下面生长出来，然后慢慢由下往上爬，最终会爬到很高的位置。

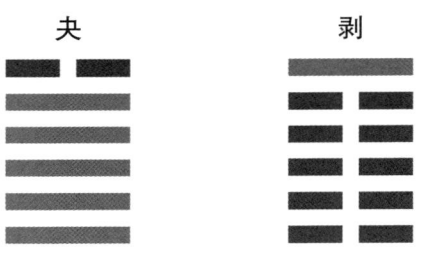

图95-2

我们读《水浒传》，都知道高俅是个大坏蛋。梁山好汉把高俅逮到之后，第一个想杀他的人就是林冲，因为林冲就是直接被高俅害的。但是，有人制止了他，这个人是宋江。宋江说，高俅很坏，但是不能杀，林冲非常不高兴。可是宋江宁可让林冲恨他，让大家感觉到他很软弱，还是坚持不杀高俅，这就是夬卦。

五个君子对付一个小人，君子的力量这么大，而小人又落在自己的手里，为什么不可以把他干掉呢？很多人不知道，那个时候是不能杀高俅的，因为若为了一时痛快，把高俅杀了，一定会引起朝中奸臣的恐惧，他们很可能集合全国的力量，把整个梁山泊消灭掉。这就是夬卦给我们的启示：越是容易做到的事情，越要小心；越是轻而易举的事情，越要慎重考虑。

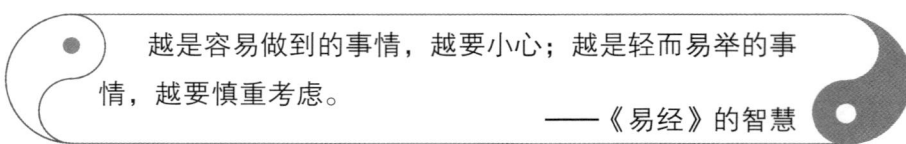

越是容易做到的事情，越要小心；越是轻而易举的事情，越要慎重考虑。
——《易经》的智慧

何况，夬卦的最后成果是变成纯阳卦，纯阳卦是不会持久的。过不了多久，那个被干掉的阴爻，虽然表面上已经消失掉了，可又会跑到乾卦的最下面，此时姤卦就出现了。这些才是我们为人处世，应该好好去领悟的道理。

第九十五集　决所当决

《杂卦传》说：**夬，决也，刚决柔也。君子道长，小人道忧也**。五个阳刚之爻要决掉一个阴柔之爻，但这不是很简单的事情。君子的势力越来越大，小人的势力越来越小，越来越陷入困境。可是，此时君子反而要小心。夬卦的问题在于这五个君子的心不齐。心不齐就不能团结，不能团结就会产生内乱，就会有人去讨好小人，从小人那里获得利益。这就叫心怀鬼胎。

夬卦是十二消息卦之一，代表了一年十二个月中的三月，此时正是植物返青，以及农作物播种的关键时刻。雨水适量则有利于万物的生长；雨水过量或干旱，便会影响秋收的产量。因此，越是到了君子即将战胜小人的关键时刻，做决断越要慎之又慎。那么，此时君子秉持怎样的做事原则，才能在去除小人的同时免除后患呢？

夬卦的卦辞（图95-3）说：**夬，扬于王庭，孚号有厉。告自邑，不利即戎，利有攸往**。

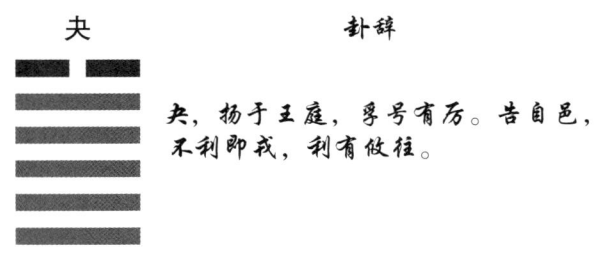

图95-3

夬，是卦名。要裁决一个坏人，就要"扬于王庭"。"扬"，即宣扬。宣扬什么？宣扬这个人应该被杀的理由。我们做任何事情，都要有正当性。如果没有正当性，就是言不正。言不正，事就不顺。要名正言顺，就必须把坏人的罪行公布出来。那在什么地方公布呢？"王庭"，即公众的场所，而不是私底下。私底下惩罚叫私刑。在一个大家认定的场所，

把这个人的恶行恶状统统宣扬公布出来,大家才会知道他是罪有应得。

"孚",就是诚信;"号",就是号令。很诚信地号令大家,大家也一致认为他应该被处决,这就叫正当性。

"有厉",就是以儆效尤。老实讲,我们把一个坏人收拾掉以后,会引来更多的坏人。因此,要处死一个坏人,一定要有杀鸡儆猴的作用,否则一直杀,杀到什么时候呢?杀一个极恶之人而警告所有的坏人,如果他们还不改邪归正的话,后果会像这个极恶之人一样,这才是目的。

当一群君子面对一个小人的时候,我们往往把所有的责任都推给那个小人。实际上,我们应该想想,为什么事情是这样的?说穿了就是因为他是小人,如果他不是,说不定我们就变成小人了。我们以他作为一面镜子,这样才会自律,才会约束自己。这就是"孚号有厉"的真正用意。我们以诚信来号召大家,一方面要防止上六做最后的反扑,另一方面要告诉所有的人:你们现在是君子,要严格要求自己,不要变成小人。"告自邑",即内部的事情,我们自己来处理。

《易经》是完全依据自然规律,发展出来的一套系统,其中所阐释的道理,不断被人类历史所证实。而夬卦认为裁决小人,需要按内部矛盾来处理,一旦牵动外部势力,便会引起不必要的祸端。那么人类历史,是如何印证这一规律的呢?

现在,大家都看到,很多地方都希望外国势力进来帮忙,若真如此,非搞得天下大乱不可。明明是国家内政,但是弱小的一方千方百计要把这个事件拿到国际社会去,引起其他国家的兴趣。这样一来,其他国家就组织联合的武力来帮助这个国家弱小的那一部分力量,最后势必造成内乱。

引来外国的军队来干预,就是"不利即戎",这是非常不利的事情。"利有攸往"告诉我们,不要借助外力来报私仇。其实,像这种事情,我们在《三国演义》里得到过教训。何进大将军想解决一个宦官,竟然想出让董卓进京勤王的馊主意。最后,局面搞得一塌糊涂。所以,本来是利有攸往，最终变成不利有攸往。读《易经》，就是要正反两面都搞清楚，才能悟到真正的关键。

夬卦的彖辞说：夬，决也，刚决柔也。健而说，决而和。扬于王庭，柔乘五刚也。孚号有厉，其危乃光也。告自邑，不利即戎，所尚乃穷也。利有攸往，刚长乃终也。

"夬，决也"，夬卦所讲，就是决断的道理和裁决的方法。"刚决柔也"，五个阳刚之爻决一个阴柔之爻。但是要做到什么程度呢？"健而说"，夬卦的下卦是乾卦，为天。天行健，所以力道要具有刚性，毫不手软，但是也不要忘了它的上卦是兑。意思是说，要得到皆大欢喜的结果，才算是懂得夬卦的人。如果弄得大家越来越乱，那叫添乱，而不叫解决，也不叫决断。"决而和"，决是很刚健，很有力；而和，是很愉快，没有怨气。这样才叫"健而说"。"决而和"是解释"健而说"的。怎么才能"健而说"呢？力道要很精准，时间要很有把握，方式要很正当，让大家心服口服，没有话讲，让小人也没有话讲。否则他会找借口，说这是排除异己，或者说君子这么做完全是为了自己的私利。所以，要提防这点。

"扬于王庭"，为什么要在王庭之上来公开上六的恶行？因为"柔乘五刚也"。上六以一个阴柔之爻，居然乘在五个刚阳之爻的上面，这是不是太过分了？它高居上位，趁着其他人不注意，阻挠大家的事业，这种情况下不对其施以辣手，能行吗？"孚号有厉"，因为"其危乃光也"。"光"，光大的意思，即让上六明白自己的罪恶。

读《易经》的时候，我们一定要知道，处理任何事情，除了谨慎小心之外，还要把可能出现的后遗症降到最低的程度，所以"孚号有厉"。为什么要诚信地号召大家？就是要以儆效尤，警告那些可能潜在的是非之人，同时也警告居上位的小人，都不要乱动。这样，大家都知道这种威势，忌惮这种威势，可以减少许多不必要的麻烦。

"告自邑"，就是说自己家的事情，应由自家人来处理，而不应该寻求外人，依靠外力来解决，因为这是内政。"不利即戎"，能够不动怒最好。因为动怒总是有其不利的一面。"尚"，即遵从的意思。"所尚乃穷

也",用莽撞的方法来解决小人,就不是夬卦的精神,而是穷途末路的做法。即使最后不得已破釜沉舟,刚开始的时候还是以让其知晓自己的错误,迫其主动隐退为上策。如果他实在没有这种觉悟,我们再来逼迫他,通过公开审判来处置他。

上一句刚说到,兴兵是不利的,接着告诉我们"利有攸往",这是什么意思?因为"刚长乃终也"。下面五阳齐心协力,把上六干掉,整个卦就变成了全阳卦,即乾卦。这时,刚长才算完成。刚长乃终,自然利有攸往。

夬卦告诉人们,只要君子坚定意志,使用正确的方法,就能够去除小人。然而更多的历史事实却提醒我们,在去除小人之后,往往又会出现新的小人,甚至君子也会变节,重蹈小人的覆辙。这是为什么呢?君子又该如何杜绝这种情况发生呢?

夬卦的大象传说:*泽上于天,夬。君子以施禄及下,居德则忌。*

"泽上于天",这是自然的景象吗?当然不是。大泽根本不可能跑到天上去。我们看到,《易经》中大象讲的全都是自然景象,这些讲法对不对呢?都对。可是为什么有些景象我们会觉得不可能出现?那是因为我们自身的体验不够、领悟不深。"泽上于天",沼泽还是沼泽,天还是天。可是,沼泽里面的水因为受到太阳光的照射,会变成水汽。这股水汽通过蒸发升到天上去,与天上的冷空气相遇,进而凝结成雾、成云,聚集得多了,自然会变成雨,降到地面。云行雨施,惠泽万物,这才是夬卦真正的用意。

大家把小人干掉的目的是什么?如果单单只为了报仇,就不是君子了;如果想争取自身利益,那就是小人了。这样就没有资格,也没有理由把其他的小人干掉。我们的行为之唯一合理的理由,就是使小人不能妄自胡作非为。如果小人不能改变自己的作风,我们就来取代他。通过取代他,从而改变现状。力求使天之雨露普降大地,泽及万民。

所以,大象传接着说:"君子以施禄及下,居德则忌。""施禄及下",就是跟底下的人分享自己的福禄。"居德则忌",如果只知道自己

第九十五集　决所当决

独享富贵,那就等于把上六灭掉之后,把他的财富据为己有,这样自己岂不变成第二个上六了?毫无意义。如果舍不得施禄及下的话,还不如让上六身处原位。

大家都为了公益而纷争,而自己却图谋私利,谈得上什么意义和价值呢?所以,历史上有作为的人,在平乱之后,做的第一件事就是开仓放粮,然后是特赦。这就表示,他们把上六干掉并不是为了自己,而是为了大家。但是也有另外一个解释,物质的东西保留太多是没有好处的。就像家里面储存了很多茶叶,结果最后统统烂掉了;存储了很多米粮,自己吃不了,最后被虫子吃了。所以,物质的东西,适量就好,最好趁着还没有坏的时候跟别人分享。但是,有一种东西可以自顾自修,而不必要求别人,那就是修养品德。只有修养品德这件事,可以不必使用夬卦的这句话。可以说,居德不会遭忌。品德的修养是无止境的,但是我们不能标榜自己,不能说这是自己的德行高,恩德施惠大众,没有那回事。一个人只要认为自己有功德,就已经没有功德了。有些人吹嘘自己多么了不起,做的企业多么大,养活多少人,这种话最好少讲。因为讲了以后,也许很快就会破产。

一阴在上,是不是完全不好?当然不是。其实,不论哪一个卦都不可能全部吉祥,无论哪一个卦也不可能全部凶险,关键在于人。如果用得好,它就好;如果用得不好,它就不好。夬卦一阴在上,五阳在下,看似不妙,可是如果这唯一的一阴恰恰是高高在上的女性领导呢?你说好不好?是不是也一定要把她除掉呢?

如果上六很谦虚,善于接纳大家的意见,同时不断地勉励自己:经过千辛万苦才得来的地位,更应该洁身自爱。这就没有什么不好。虽然上六乘了五阳,多少会遭忌,多少会使人不服气,但是只要自己做得好,别人不服气又能怎么样?

一阴一阳之谓道,就是告诉我们,解一个卦的时候,要从正反两方面去体会。死路之中有生路,生路当中隐死路,关键是要有思路,这才是正确的看法。

>
> 死路之中有生路,生路当中隐死路,关键是要有思路,这才是正确的看法。
> ——《易经》的智慧

人生其实是由一个又一个决断构成的,这些决断看似轻而易举,却暗藏着很多隐患,需要慎重抉择。然而有的人,又会因为过分谨慎,而错失了决断的最佳时机,正所谓"当断不断,必受其乱"。那么人们该如何平衡二者之间的关系,做出及时又适当的决断呢?

当我们做重大决断的时候,一定要前前后后都考虑好。最好把工作的职责范围明确出来,否则一旦出事,就容易授人以口实。有时候,就算是为公,别人也会说是私心。做事之前,我们要把双方的立场,还有预期的目标、实际的效应都好好分析一下。如果大家都同心协力,有去除上六的决心,后面会减少很多不必要的麻烦。我们在这里特别要提醒各位,任何事情,开始的时候慢一点,后面就省力得多。一开始就求快,后面会产生一大堆问题,得不偿失。所以我们看到夬卦五个阳要决一个阴,居然要大费周章,意思就在于启发我们,就算形势很好,也要十分慎重。

做事之前,要先布局,造势,决定之后,还要摆平,这才是真正会做决断的人。任何事情到底要不要做,刚开始的时候多听听大家的意见,好好研究研究,这叫作可行性分析。但是,我们往往太过一厢情愿,太过乐观,认为必然会怎么样,所以才导致后悔。本来一点小事情,最后反而演变成了大问题。比如一座水库,为了泄洪,把农田都冲掉了,岂不是很糟糕?所以,泄洪之前,要再三公告:现在水库的水位快满了,请下游的人做好准备,我们大概一个礼拜之内就要泄洪,到时候大家都要有妥当的安排。这才叫作夬卦,而不是说夬就夬。

有些事情,要马上做,我们并不会表示不同的意见。但是,越是大事,越是急事,越要缓办。很多人不了解什么叫急事缓办。急事,就是急得要死了；缓办，就是因为急事，所以才要缓办。夬卦的目的并不是消灭一个小人，而是维护正气，使其能够持续地压倒邪气。这就好像天上的水汽，好不容易聚集起来变成云，变成雨水，要降到地面上来，就要得到一些比较好的效果。急风暴雨没有用，太小的雨也没有用，持续的好雨才行，这就是夬卦的道理。

 越大的事情，越是急事，越要缓办。
——《易经》的智慧

夬卦最后是要变成乾卦，所以象传说："利有攸往，刚长乃终也。"我们要记住，一定要上下同心协力，众志成城，在适当的时候，用合适的方法，把上六去掉，去掉以后就会变成乾卦。

虽然乾卦是不持久的，但是总要去努力。成乾也叫成刚，就是说君子要自强不息，主轴在于四个字：邪不胜正。邪恶的势力再怎么大，终究"刚长乃终也"，是抵不过正气的。所以，我们接下来就来讲：邪不胜正。

易经的智慧·第九十六集 邪不胜正

俗话说："邪不胜正。"人们都希望正义能够长存，邪恶势力得到应有的惩罚。然而现实生活中，却总是有小人存在，甚至还会形成小人当道的局面。这是为什么呢？负责去除小人的君子们，其实自身都有弱点。那么君子又该如何突破障碍，对小人做出合理裁决，弘扬正义呢？

第九十六集　邪不胜正

现在我们来分析夬卦的六个爻。初九的爻辞（图96-1）说：**壮于前趾，往不胜，为咎**。

初九，壮于前趾，往不胜，为咎。

图96-1

《易经》里面，有"前趾"这两个字的爻辞是很多的。因为人要动的话，都是先动脚指头，脚指头一动，整个人就开始动起来。"壮"的意思是很勇敢，"壮于前趾"是说很勇敢地往前走。

初九这一爻可以有两种解释：一是说尚处于决断初期，主要是从时间上界定；二是说其位置很低，势力很小，职位很卑微，这是从位阶上来说。这两个的意义是不同的。第一个意思是，夬的动作要开始了，开始时需要有勇敢的决心。第二个意思是说，现在的位阶还太低，所以需要有所顾虑，不该冒险的时候就不要冒险。再说，为什么位置很低的人，或者心气很高的人都比较冲动，比较不怕后果？就是因为上面有人会利用他，他因为有所依靠，就天不怕地不怕了。

其实，初九要清楚，自己和上六的距离是很远的，不可能轻易见到它。所以，如果初九只顾着往前走，就会"往不胜"。意思是说可能会获

得成功，到最后却没有。历史上这种案例太多了。所以，爻辞后面接着说"为咎"。凭一时之勇，最后肯定会闯祸。"往不胜"，是事先的预测，虽然这样做，勇气够了，但没有用，不会胜。所以，要小心，不要闯祸。这句话跟小象所说的"不胜而往，咎也"，不是一个时间点。不胜而往是事后的判断，就是说既不能预料，又自不量力，仅凭一时之勇便义无反顾，最终果然闯祸了。

这告诉我们，初九归根结底还是乾卦的初爻，处在此位置，还是潜龙勿用比较好。一开始要很谨慎，不能凭一时之勇就去冒险犯难，这才是正道。

夬卦的宗旨，在于君子同心协力，去除处于高位的小人。然而由于身份地位的不同，君子其实很难做到齐心，其中势单力薄的人，便无法尽到全力。那么除此之外，还有哪些情况会削弱君子的力量呢？那些担负着裁决小人重任的君子，又该如何合理行事呢？

九二爻是阳居柔位，刚柔得中，比较谨慎。大家可以看到在五个阳爻里面，九二爻是大臣的位置，它的责任是非常重大的。

因此，九二的爻辞（图96-2）是：**惕号，莫夜有戎，勿恤**。

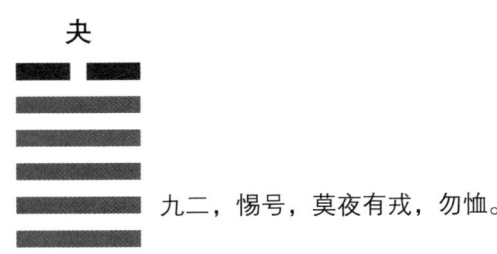

图96-2

"惕号"，即现在我们所讲的发布戒严令，也就是说现在状况紧急，大家要小心，要提高警觉。"莫夜有戎"，就是要提防敌人来夜袭。既然

第九十六集　邪不胜正

这么紧张，爻辞怎么还说"勿恤"呢？就是因为只要守住合理点，就不必忧虑，因为我们已经做好了万全的准备。

我们讲过这五个阳爻最大的问题就是心不齐，因为它们的位阶不同、身份地位不同、利害关系不同，所以不太可能同心协力。其中最让我们担心的是九五。这里有两种可能：第一种，九五的上面是上六，这对它来说有很多好处。因为九五可以把做得好的事情，说成是自己的，大家抱怨的，九五就推给上六，所以不想干掉上六，想把上六拿来这里做自己的护身符，这是一种可能。第二种，九五也很想把上六干掉，可是往下一看，九三跟上六是阴阳对应的。实际上在这个五阳当中，最令人起疑的就是九三。因为九三说难听一点，就是上六的党羽，就是上六的同党。只是九三经过漂白，把小人变成君子的样子，所以那个阳可能是虚的，可能是假的。再说九三可能是抬轿子的人，长期就是拥护上六的。谁现在敢动上六，九三就跟谁拼了也有可能。再加上九四还会顾虑很多，而初九根本好多事情是摸不着头脑的，很容易被利用。因此我们就完全把责任寄托在九二身上。

我们看九二的小象：**有戎，勿恤，得中道也**。事先有充分的计划，而且"得中道也"。九二在下卦里面是中爻。中爻有个好处，就是比较冷静，处理什么事情能够在动态当中，而不一厢情愿地去做事情。因此，九二会去影响初九，会影响九三，这个叫相比邻。其实下卦不仅仅是下，下卦也是内，也是核心的。核心团队其实往往在下卦，那我们彼此沟通，再加上有一天当时机成熟的时候，"扬于王庭"，整个宣布出来，我们的目标要一样，我们的力量要集中，我们的方法要合理。就算内心是想要帮助上六的，也不可能乱动，就算跟上六是有利益挂钩的，也要装得没有这回事，那事情就比较好办了。

虽然负责去除小人的主力，能够谨慎处事，而又计划周密，但是如果总是有人阻挠破坏，也是不能成事的。因此能否去除小人，还要看九三爻所代表的那些表面上是君子，暗地里却是小人党羽的伪君子，如何抉择。

其实在夬卦"君子道长,小人道忧"的境况中,伪君子的处境也十分尴尬。那么他们应该依据什么,选择自己未来的道路呢?

九三是唯一跟上六相应的,我们特别要小心,其爻辞(图96-3)是:壮于頄,有凶。君子夬夬独行,遇雨若濡,有愠无咎。

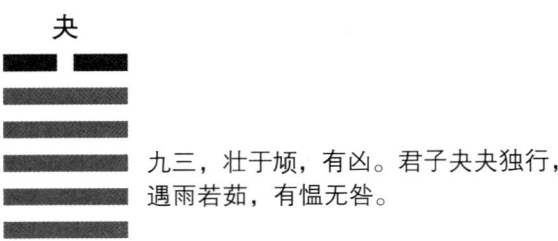

图96-3

"頄"就是脸上的两个颧骨。如果一个女人的这两个颧骨很高,就有一个很不好的说法,叫克夫。当然我们不要相信那些,只能做参考。这种人多半会喜怒形于色,人家一下就看出来了。这里的"壮"是帮助的意思。心里头的想法都用这个凸显出来,所以叫"壮于頄,有凶"。直截了当就告诉你,这是凶。这不是九三没有救了吗?九三注定是上六的死党。那夬卦怎么做呢?所以马上又给它一个深入,"独行"。"独行"就是单独跟上六去挂钩,这谁都看得清楚。

什么叫"君子夬夬"?就是我既然是君子,就要在夬道里面做君子该做的事情,可以改变一下态度,要知道当决就必须决。以前怎么样,譬如昨日已经死了,过去了,从今天开始应该有一些翻悔,有一些悟:以前我不清楚上六是这样子,所以我会跟它结为同党,大家利益均分。现在时机已经不对,情况已经变化了,我要改邪归正,跟其他的阳取得一致的立场。

这样的话,就"遇雨若濡",好像在下雨天当中沾满了水分。那结果会怎么样?"有愠无咎",意思是以前不懂事,错误地去做那些事情,当

第九十六集　邪不胜正

然面有难色，有一点不愉快。对什么不愉快？对自己的过去不愉快。但是无咎，不要怨自己，没有用，而是要用行动来表现，配合大家的行动，不就好了吗？

九三的小象说：**君子夬夬，终无咎也**。能够及时清醒过来，能够知道再这样下去不是办法，能够及时跟大家配合，结果就不会有什么后悔的，也不必再想以前的事情，也不必再过分责怪自己。

但是大家会想，会不会把上六清除掉以后，就开始秋后算账，又把九三给抖出来，打算清除它？这样又开始分化、斗争了，那还不如不要夬。不夬还维持一个表面大家很和谐的局面，夬了以后反而更乱了。这样我们才知道，为什么要扬于王庭，为什么要警戒大家，就是说这次的目标就是上六，其他既往不咎。其他的只要好好改过自新，我们以后不会找你麻烦。既然这样的话，九三就放心了。所以，爻辞经常是两面说的，它不会告诉你，这是死路一条，那条路永远对。

下卦是大家整合起来，目标一致，力量集中，然后周密计划。上卦一定要有很好的效果，让大家都能够心悦诚服。这才是圆满的夬，否则就是后患无穷。

俗话说"识时务者为俊杰"，伪君子身处夬卦，就应该及时醒悟，改过自新；同时其他君子，也应该表明既往不咎的态度。这样一来，便集中了下卦的所有力量，一致讨伐小人。然而最终能否去除小人，而又摒除后患，还得看上卦的表现。那么夬卦的九四爻，代表了君子怎样的处境？他们又该采取怎样的行动呢？

九四下面有三个爻在推它，想坐坐不下来。可是九四上面是一个阳，这个阳的动态到底怎么样，大家也搞不清楚，因为九五向来是君位，大家越靠近它，心里头就越恐慌，因为猜不透它到底是什么立场，到底想采取什么样的方式，该怎么配合它。这种情况之下，坐也坐不稳，站也站不住，就好像屁股上面没有肉，坐起来就很痛苦。

九四的爻辞（图96-4）说：**臀无肤，其行次且；牵羊悔亡，闻言不信。**

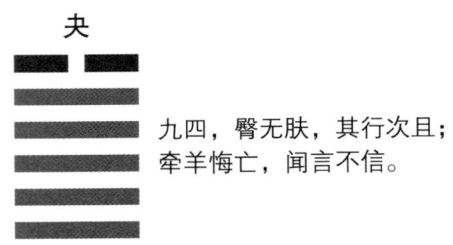

图96-4

"臀"就是屁股，"臀无肤"是说屁股上面肉都没有了，只剩下骨头。九四是不当位的，整个卦里面，就是九二、九四不当位。但是九二不当位没有关系，因为居中，只要它走正道，求合理，还可以收到一个刚柔得宜的好处。现在九四不是，因此，它就好像左右为难，所以"其行次且"。"次且"就是趑趄，要走又不敢走。那下面为什么说"牵羊悔亡"？现在九四上面有个九五，摆明了九五是可以牵住它，你跟君位靠那么近，你敢乱动？你乱动就倒霉了。羊的个性我们知道，它是不接受人家牵住的，你要东它偏西，你要西它偏东，它不像马一样的。

"牵羊"就是讲九四跟九五的关系很别扭。但是"悔亡"就告诉你，这样反而好，你不后悔，你该怎么说就怎么说，你该怎么做就怎么做，你不要太顺了九五。历史上，很多近臣喜欢猜测君王的心思，当然有的时候不得不这样，但是过分这样经常会害死九五。很多君王就是被近臣包围，然后讨好他，奉承他，最后搞得自己也糊涂，变成了昏君。换句话说，九四既然知道自己的难处，就要把承上启下的工作做好，把外面的情况向组织去报告。然后跟组织好好商量，怎么样按部就班地来完成夬的任务，这才是九四应该做的。

"闻言不信"是什么意思？因为九四是阳居阴位，所以经常听不进去这种话。大家有没有发现九四的爻辞很有意思，跟它的处境一样，一会儿告诉你这样，一会儿告诉你这样不好，一会儿告诉你可能会怎么样。这句

第九十六集　邪不胜正

话意思就是说，九四要有原则，不要完全听九五的，可是也不能当面去顶撞九五。"闻言不信"其实也有两个意思，一个是说九四告诉九五该怎么做，九五根本听不进去，一个是说没有人的时候九四单独去跟九五讲，九五也可能听不进去。

所以九四真的要好自为之，小象说得很清楚：**其行次且，位不当也。闻言不信，聪不明也**。"其行次且"，为什么会这样，要前不敢要后很难？因为"位不当也"。"闻言不信，聪不明也"，就是不聪慧不明白。这个人聪明，人家稍微提一提就听懂了。既不聪明，位置又不对，那么自己受苦就是活该。但是爻辞说，九四是可以"悔亡"的。把承上启下的工作做好，大家都很喜悦，都很高兴，这才是九四应该走的路。

夬卦的九五爻是君子中最有权势的人，然而"权力使人腐化"，再加上他会受到小人的威逼与利诱，处境岌岌可危。那么他应该如何控制一己私欲，避免陷入小人的圈套呢？

九五是卦主，它跟上六最接近，首当其冲。但是如果上六是西太后，那九五也得好好考虑考虑该怎样应对。

九五的爻辞（图96-5）说：**苋陆夬夬，中行无咎**。

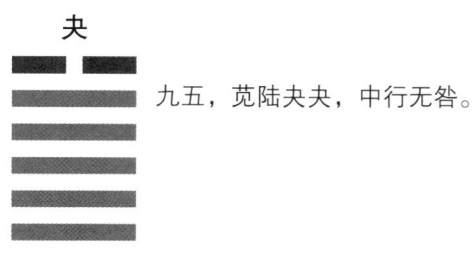

图96-5

"苋陆"就是那种很柔脆的草，经不起打击。九五是君位，现在用苋陆来形容它，就表示它的处境也是岌岌可危的。因为靠着上六太近了，上

六一出手就是九五倒霉。就像西太后,既可以把皇帝放掉,一看他不对又把他杀掉,或者把他关起来,她自己垂帘听政,别人又能怎么样!"中行无咎",只有秉持中道而行才能无咎。

九五的小象说:**中行无咎,中未光也**。大家看卦象,初九到九四这四个阳,不管里面怎么样,但是看起来是一股很强大的力量,推着九五,使得九五不得不行中道。九五的困难就是上面有上六,所以常常有很多私心。"中行无咎"就是说,要达到真正的没有私心,真正的为公义,就可以无咎。但是实际上九五经常都是"中未光也",因为中行毕竟还不是百分之百的光明正大。如果为了自己的权力,为了自己想用一班人,为了想早日摆脱上六,为了争取有一天自己能够说了算,那就违反了夬卦的精神。因为夬卦是不能有私人打算的,自己说的算不算无所谓,只要能够国泰民安,只要能够为整体着想,就没有关系,忍不住也应该忍。还是要自己修炼,修到有一天没有私心,就"中行无咎"。

接着看上六,其爻辞(图96-6)是:**无号,终有凶**。

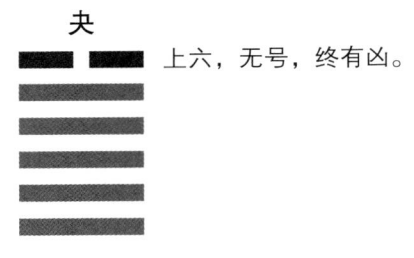

图96-6

在这里,"号"的意思就是哭。哭也没有用,就算这时候苦苦哀求大家也没有用。因为以前大家可能都被蒙蔽了,现在上六站在最高的时候所有人都看得清清楚楚,然后再回想以前的种种,就知道这个人实在太可怕了。"终有凶",迟早是要被毁灭的。小人穷极而凶,经常有很多人发牢骚说,这个人那么坏,怎么还活那么久?其实就是他还没有穷极。

水池没有满,怎么会溢出来?老天不能随便把一个人收回去,也不能

第九十六集　邪不胜正

随便把一个人处死，它还是有天道的。所以小人一定要恶贯满盈的时候老天才出手，所以我们常常说"不是不报，时辰未到"，就是还没有到那个盈满的地步，又怎么会夬呢？

上六的小象说：*无号之凶，终不可长也*。就算号啕大哭，也终不可能延长灭亡的时间，这叫作当决则决。时辰到了一定要决，逃不掉这种后果。这告诉我们，一个人不要到最后关头才知道后悔，此时苦苦哀求也没有用了。人们最怕就是三个字，叫作犯众怒，现在我们终于看到了，夬卦的上六确确实实就是犯众怒。以前那五个爻还有些犹豫不定，各怀鬼胎，还不能够集中意志。现在看到上六那么清楚，慢慢调整以后只要一有共识，只要力量集中，上六就跑不掉。这个告诉我们，最好不要把自己逼到这个地步，你可以好好做你的太上皇，干吗还东干预，西干预？历史上经常出现这种状况。

但是话讲回来，就算把上六干掉了，变成纯阳，也是不会持久的。社会一太平就有小人出现，像风一样又把所有的脏东西吹出来。风可以把脏东西吹掉，也可以把脏东西吹出来。所以我们下一次就要开始讲姤卦，叫作不期而遇。你不想碰到的，偏偏碰到；你想碰到的，偏碰不到。

易经的智慧·第九十七集 不期而遇

古人云：只羡鸳鸯不羡仙。可见，拥有一段美好姻缘是人们梦寐以求的事。在《易经》中就存在着一个象征世间男女姻缘邂逅的卦——姤卦。然而，这个卦却又被称为不贞之卦，这是为什么呢？姤卦对于男女的遇合之道究竟有着怎样的诠释？我们又能否自己主宰遇合结果的好与坏呢？

第九十七集　不期而遇

夬卦的后面紧接着就是姤卦（图97-1），这两个卦互为综卦。《序卦传》说：*夬必有所遇，故受之以姤*。夬是什么意思？就是夬卦的意思。现在把小女孩关在家里，她会长大吗？总不能把她关一辈子吧？所以不得不让她出去，只要她出去就会有各种遭遇。所以夬卦下面紧接着就是姤卦。什么叫作姤？即遭遇、碰到。

图97-1

《杂卦传》说得很清楚：*姤，遇也，柔遇刚也*。我们今天出门，谁知道会碰到什么样的人呢？碰到好人算我们走运，碰到坏人，有时候躲也躲不掉。偏偏我们喜欢见到的人，就是见不到，不喜欢的人反而跟在后边，甚至有很多是出乎我们意料之外的，这就叫作不期而遇。本来没有那个期待，不在计划之内，反而出现了，不期而遇就是这种状况。

"柔遇刚也"，就是女人遇到男人，男人遇到女人。请问各位：如果世界上男人归男人，女人归女人，永远没有遇合，人类还有未来吗？还能生生不息吗？所以柔与刚的相遇其实是很正常，而且很必要的，问题不是遇不遇，而是怎么遇。这个"怎么遇"很重要。

遇有其必要性，但是更要紧的还是要有妥当性。如果一个女孩子老是待在家里，家长就越来越担心她将来年纪大了，找不到对象。可若是一旦开放，问题也不少。

姤卦上卦是乾卦，下卦是巽卦（图97-2）。不管怎么看，乾卦代表男性，巽卦两个阳爻一个阴爻，很显然是阴性的，代表女性。乾上巽下正好是女下于男，就是女孩子去追求男生，这是不好的。因为通常的情况是男下于女，即男孩子去追求女孩子。道理何在呢？非常简单，女追男隔层纱，男追女隔重山。短短两句话就说清楚了。

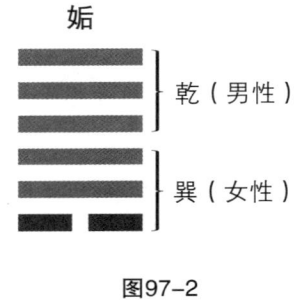

图97-2

女人要追男人，男人是挡不住的，我们还给出了一套冠冕堂皇的说辞，即英雄难过美人关。这都是废话，因为事实就是这样的。但是男人要追女人就没有那么容易，当中隔一重山。也许有人说现在没有那么严重，也没有那么困难。这是教育的偏差。

随着时代的变迁，"敢爱敢恨"这样的字眼已经成了部分男女的人生格言。无论男追女还是女追男，显然已经不再重要。然而，在古老的《易经》中，女下于男却是不贞之象，因此姤卦也被称为不贞之卦。那么，姤卦的不贞究竟体现在何处呢？在提倡男女平等的今天，为何我们一再强调，男女的教育应该有所不同呢？

我们一再认为，女孩子的教育跟男孩子的教育是要有些不同的，可是现在事实上不是这样。现在男女同校,都是同样的教材、同样的进度、同样的老师、同样的教法,把所有道理都搞乱了。大家应该也听过男孩子要穷教、女孩子要富教之类的话吧?男孩子要养成他吃苦耐劳的品德,将来不管碰到什么困境,都会不折不挠。而女孩子要富教,家里再穷都要让女儿过得富裕一点,将来长大后她才不会贱。因为女孩子一贱,什么都完了。

姤卦的卦辞(图97-3)是:姤,女壮,勿用取女。

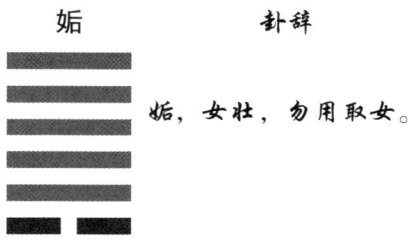

图97-3

姤卦五个阳爻在上,一个阴爻在下,就是一个女人交上了五个男朋友,说难听一点,即人尽可夫。一个人如果人尽可夫的话,谁还敢娶她呢?"女壮",壮不是身体长得强壮,用现在的话来讲,就是这个女人太厉害了,千万不能娶她。这里我没有说绝对不能娶,而是尽量不要娶,因为再厉害也是有人会娶她的。所以,我们读《易经》一定要记住,"勿用取女"或是"用取女",看你自己的选择。

男女邂逅本是美好之事,然而一旦违背了传统价值观,滥情无度,就失去了姤卦所强调的妥当性,这样的遇合自然不会长久。姤卦的卦辞提醒我们,无论"用"还是"勿用",选择一定要谨慎。那么,姤卦的彖辞又说了些什么呢?怎样才算是好的遇合呢?

彖辞说:姤,遇也,柔遇刚也。勿用取女,不可与长也。天地相遇,品物咸章也。刚遇中正,天下大行也。姤之时义大矣哉!

　　这个卦名字之所以叫作姤，就是因为阴阳要相遇，否则整个生机就断裂了。可是只要阴阳一相遇，问题就跟着出来了。"柔遇刚也"，即女生去追男生。"勿用取女"是一个警告：这个女人不能娶。为什么？"不可与长也"，没有办法跟她长相厮守。她一会儿见这个，一会儿看那个，比来比去，哪个好就跟着哪个走，这样的人怎么可能与你长久相处呢？人的一生起起伏伏，你好的时候她跟着你，你不好的时候，也许她就想办法跟你离婚了。所以象辞很坦白地提出"不可与长也"。至于要不要，看你自己的选择。

　　"天地相遇，品物咸章也"，是说如果天地不相遇的话，宇宙还有什么生机呢？所以，宇宙有那么多的生物，就是因为天地相遇了。地气要上升，天气要下降，才能够品物咸章。"品物"，即物类。只有天地相遇，各色各样的物种才能够显现出来，各自拥有自己生长的空间，各自发展。

　　"刚遇中正，天下大行也"，刚正的丈夫一定要碰到贤惠的妇女，然后才可以相遇。我们看到，君王要有良好的品德，还要有贤能的核心团队来跟他相遇合，政令才可以大行于天下，这都叫姤。所以不能够因为一个女孩子交上了五个男朋友，就因此否定男女相遇这种事情。姤有好的一面，也有坏的一面，完全看自己怎么做。

　　正所谓，一阴一阳之谓道。任何事物都具有两面性。男女间的遇合自然也有好有坏，关键在于如何把握遇合的妥当性。那么，除了男女遇合之道，姤卦对于我们生活的其他方面又有哪些指导意义呢？

　　"姤之时义大矣哉"，《易经》里面的卦讲到时义，就是告诉我们很多意思在象辞里面还没有说完，因为它还可以包括很多东西。比如说社会风气，这个社会的风气本来是很好的，新鲜的东西进来了，即一阴开始显现出来了，如果不分好坏便全盘接受，后果往往是很严重的。大家想想看，卡拉OK传进来的时候是谁先响应的？一帮老百姓。有一个国家对卡拉OK是禁止的，就是新加坡，因为上面的人知道这是不好的东西。可是下面

第九十七集 不期而遇

的人喜欢唱，所以上面趁在萌芽阶段就采取措施禁止，否则一放松就流行开来，然后搞得每个社区都有，禁都禁不住，就麻烦了。

"姤之时义大矣哉"，就是说对待遇合要有长久的打算，要看得远一点。要知道这个风气一旦进来，谁都挡不住，将来可能把现有的良好风气整个破坏掉，那时候再想改变回来是高度困难的。

姤卦大象传说：*天下有风，姤。后以施命诰四方*。风一刮起来，会把所有东西都掀开来，好的坏的一样对待，没有什么东西可以藏得住，没有一样物件不遭遇。因为风很齐，对每一样东西都一视同仁。这告诉我们天的威势是非常大的，没有一样东西可以不顺从它，这也是中国人为什么那么敬天、顺天的原因。天下有风，风吹草偃，风往哪个方向吹，草便往哪个方向倒，非常顺从。

"后以施命诰四方"，这里用的既不是君子，也不是王，而是后，当然你可以讲成皇后，意思是一样的。因为男女的感情和婚姻，是皇后母仪天下的一个重要任务，这种事情与其让皇上来做，不如让皇后来主张。我们要施行命令，告诫四方，使老百姓受到感化，知道天下吹着和风，无事不遇。事物之间一定有阴阳的遇合，阴阳遇合有它的必要性。我们现在要注意的不是相遇不相遇，而是了解当我们走到姤卦的时候，要知道姤道有三个主要的原则，一定要好好把握。

第一个，辨事要早。一看这个东西不行，马上就要采取措施，否则等到很清楚的时候，往往已经来不及了。所以，见微知著这四个字非常重要。看到微小的征兆，知道这个以后会有很坏的影响，就要杜绝它进一步发展。因为这个时候要把它挡住还比较容易，一旦成为风气，谁也没办法。举个例子，谁都清楚抽烟不好，抽烟不好不是现在才知道的。那当初为什么大家都拼命抽烟呢？就是有很好的正当理由：抽烟可以降低工作压力，可以怎么样怎么样。抽烟是坏的，但是少抽一点就没事了，这种话讲得很好听，可是一旦抽上了瘾，挡都挡不住的。所以，防止一定要趁早，晚一步全盘皆输。

 防止一定要趁早，晚一步全盘皆输。
　　　　　　　　　——《易经》的智慧

第二个，防微杜渐。就是说虽然见微知著，可已经错失良机，当初没有料到它不好，现在发现了，赶快补救，还来得及。现在我们对互联网就有这么个味道，很多程序有漏洞，黑客便趁机攻击破坏，而又没有办法禁止这种事情的发生。既然不能禁止，就到处塞洞，这就是现在常说的打补丁。一有小过失马上纠正，才能防止更大的损失。

第三个，既然遇到坏人又不能赶尽杀绝，引进了坏风气又没有办法整个恢复原状，就要想办法去纠正，使它的伤害降到最低。遇是不可避免的，姤卦的用意也不是叫我们怕这怕那。比如大家都知道，对女孩子来说安全第一，如果父母据此规定她这样不行那样不行，让她以后对外界恐慌，甚至对婚姻恐惧，那岂不是更加糟糕？

姤卦告诉我们，遇合的机会无处不在。然而，碰到好的遇合却实属不易。相传，春秋战国时期，俞伯牙因知音钟子期病故悲痛不已，碎琴发誓终生不再弹琴，因此被后人传为千古佳话，更于武汉龟山筑建"古琴台"，以兹纪念。那么，除此之外，历史上还有哪些令人称羡的至交典范呢？善遇或是恶遇，我们又能否自己选择呢？

姤卦真正的用意，要从大象传来体会。它告诉我们要善于用遇，要从正面找到正当的机会，而不是怕机会。很多人怕机会，不敢去尝试，因而错失了所有的机会。历史上最善于用遇的人，我们可以举出好几个来。

大家最熟悉的是周文王遇姜太公，也可以倒过来说姜太公遇周文王。姜太公钓鱼的时候没有用鱼钩，因为他根本不想钓鱼，他想钓的是一个大

第九十七集 不期而遇

人物，即周文王。最后果然被他钓到了。姜太公知道，如果这一辈子碰不上周文王，那他的才能就不能用于世，这就等于没有才能，所以他很慎重，不会乱来。纣王也想请他当国师，但是他没有去，否则就是恶遇。姜太公心里很清楚，他一定要善遇，这就要花点心思，所以他就在渭水之滨垂钓而不用鱼钩。周文王会算，算到有一个贤明的人在那里钓鱼，就去寻觅，两个人一谈非常投机，后为其学识所折服，拜为太师。这就是善于利用遇的好处，而把坏处减到最低。当然坏处也是不可避免的，姜太公从此忙于国事，想钓鱼都不行。

孔明跟刘备也是一样。如果孔明没有碰到刘备，也许我们现在也不知道他是谁；而刘备没有碰到孔明，也许会平庸一生，不会有三分天下的建树。

管鲍之交，历来被人们津津乐道。管仲家里很穷，鲍叔牙家里很有钱，两个人是同学。上学的时候，管仲因为家里穷，没有午餐带，他看到鲍叔牙带着很丰盛的午餐，就吃掉一大半。后来二人合伙做生意，赚的钱被管仲拿走大半，鲍叔牙只能分到小半。别人就笑鲍叔牙交了这样差劲的朋友，可是鲍叔牙说没有关系，管仲家穷，多拿点钱是应该的。还有更绝的，两个人去当兵，一看战争开始了，管仲做逃兵溜回了家。这是多么耻辱的事情！于是别人就跟鲍叔牙说：这种朋友你还要交吗？鲍叔牙说：我还要交，因为他家有老母亲要照顾，他不得不当逃兵保住自己的性命。所以管仲最后很感慨：生我者父母，知我者鲍叔牙。一个人一生当中，能够有一两个完全了解你的朋友，是多么幸运的事情！

所以，读《易经》不要轻易说这个卦不好。如果认为天风姤，不期而遇是不好的，以后看谁都怕，那就糟糕了。当然，也不能说有机会就抓，若是正好陷入别人的陷阱，把你抓去了，岂不更加糟糕？所以我们要平心静气地了解，姤卦本来是不争的卦，不争是很可怕的，但是大象告诉我们，要看天风的意思。什么是天风？就是一刮大风的时候，它会告诉我们哪些地方是干净的，哪些地方是脏的，要把脏的清除清除，最起码把自己

的门前扫一扫。社会风气的好坏每一个人都有责任，从自己做起，好好地把姤卦实行在日常生活上，我们才能够和谐幸福。

在这种情况之下，我们每一个人都有一个共同的责任，即宣扬文化。文化是需要去宣扬的，所以接下来，我们就要分析姤卦的六个爻，从中去体会，我们每一个人怎样尽宣扬文化的神圣责任。

易经的智慧·第九十八集　宣扬文化

姤卦中那唯一一个阴爻，就好像一个失了分寸的女孩儿，如果不及时加以管教，后果难以想象。同样，这一个阴爻也可以是社会上那一点点的歪风邪气，某种刚刚流入新鲜而又刺激的外来文化，甚至是一段你梦寐以求的艳遇。面对种种诱惑，是坦然接受还是拒之门外，姤卦又会给我们以怎样的忠告？正所谓，前事不忘，后事之师。回顾历史，又有哪些事例值得我们深思与反省呢？

第九十八集　宣扬文化

大家想想看，一个人一生要有几个另一半呢？一个就够了。可这一个是谁，比较重要；这一个在哪里，就叫缘分。我们常常讲，千里姻缘一线牵，到底说的是什么呢？从姤卦来体会这些道理，应该是一个很好的线索。

首先看初六爻，初六一方面跟九二亲比。一上一下比邻而居，即亲比。另一方面又跟九四相遇，因为它们是相应的。所以，本来初六应该很清楚地知道对象是九四，而不是九二。可是初六跟九二偏偏常常见面，日久生情，很可能就嫁给九二了，因此造成很多的问题。

初六爻辞（图98-1）说得很清楚：**系于金柅，贞吉。有攸往，见凶，羸豕孚蹢躅。**

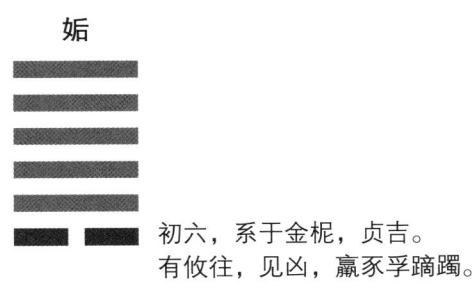

初六，系于金柅，贞吉。
有攸往，见凶，羸豕孚蹢躅。

图98-1

"金柅"是什么意思？我们乡下人养家畜，怕它乱跑，会用一条绳索把它箍住。绳索的一端绕在家畜的身上或者颈部，另外一端固定在一个可以插在地上的比较重的金属上面，让家畜有活动的余地，限制在一个小的范围里面。"系于金柅"，就是说把这个小女孩放在一个安全的范围之

内,不让她乱跑,好比拴上系好的绳索一样。"贞吉",只要用得正当,是会得到好处的。

大家有没有发现,在一群男生里面,只有一个小女生,她就会跟这个打打闹闹,跟那个也打打闹闹,后果会怎么样呢?就是在这一群男生里面,将来没有一个敢娶这个小女孩,因为谁看到她都怕。一个小女孩见到谁都拉拉扯扯,长大以后就会变成典型的交际花。女人一旦变成交际花,那就只能永远在娱乐场所混生活了,因为谁都不会把她当正派女人看待。

初六是相遇的开始,阴阳相遇要慎重。所以爻辞才接着说"有攸往,见凶",如果要往前走的话,会有凶祸。因此,要保守一点,谨慎一点,看清楚谁是你的对象,才能够有所往。如果盲目地有所往,后面出现的问题会很多。这提醒我们,就算微微地动,都不可以轻浮,都要小心。因为下面那一句话是很不好听的,叫作"羸豕孚蹢躅"。"豕",即母猪。为什么要用母猪来形容、比喻呢?因为一般的说法是猪比较卑贱。当然,你可以说现在动物学已经不这样了,猪是很干净的,这是另外的事情。我们要了解这句话当初的用意比较重要。在当时,人们认为猪是比较卑贱的,尤其母猪比较好淫,在这里表示一个很淫荡的女人。"孚",即轻浮,不稳重。

一个小女孩,从小就要学得比较庄重,让人家看得起,不敢随随便便动手动脚。一个小女孩可能给别人两种感觉:一种是别人随便摸摸她,随便拉拉她,她都无所谓;另一种是别人很尊重她,她不喜欢随随便便。凡是那些动不动就让别人动手动脚的,要好好反省一下自己。因为正是自己发出了这样的信号,给了别人暗示,别人才会这样对待她。

初六小象说得更清楚:*系于金柅,柔道牵也*。"牵",是引进的意思。只有九四来引进的时候,初六才可以发动,才可以往上走。因为刚是带头的,柔是尾随的,要受人家的牵引才能动。

这句话有两种解释。第一种是九四来追初六的时候,初六还要很慎重地考虑,不要一下子就答应。第二种很糟糕,如果不把初六好好拴紧的话,六二就来了,再不控制好,六三也来了。只要六二、六三来了,整个卦就会变成否卦，后悔晚矣。因此，初六爻真正要告诉我们的是两个字：止邪。一看到有邪气，要赶快禁止。

在这个快餐文化泛滥的时代，部分男女开始热衷于只要快乐，不谈未来的快餐式爱情，而忘记了身为男人、女人应守的本分。姤卦的初六爻告诫我们，与男人交往时，女人必须掌握分寸，切忌轻浮，如此才能赢得别人的尊重。而身为一个男人，有时也会遇到不请自来的艳遇，是坦然接受，还是拒之门外，你又会如何选择呢？姤卦中的九二爻又给我们怎样的忠告呢？

九二爻辞（图98-2）是：**包有鱼，无咎，不利宾。**

图98-2

"包"，可以解释为厨房。"包有鱼"，厨房怎么出现一条鱼呢？"鱼"，在这里指的是初六，初六偷偷跑到九二的怀抱里面来了。九二本来没有这个意思，也没有威胁利诱，什么坏的想法都没有，可是初六偏偏跑来投怀送抱。为什么"无咎"？就是说只要不是自己去引诱人家，没有用恐吓、威胁等不正当的手段，应该是无咎的。但是"不利宾"，"宾"指九四，这样对九四非常不利。

我们一直反对师生恋爱，就是因为老师是九二，初六是学生。学生没有见过世面，听老师的课，认为老师了不起，甚至全世界最伟大，于是就开始爱慕老师。但是老师自己要清楚，师生两个不相配，不要耽误人家。

如果讲一大堆理由，这显然在做一件事情，叫作不利宾。学生有她的对象，结果她糊里糊涂跑到老师这儿来，老师又不知道拒绝，虽然老师是无咎的，但还是做了一些不该做的事情。

"包"，也可以解释为拥有。拥有一条不晓得哪里来的鱼，这叫作"艳遇"。艳遇是好是坏呢？最起码不利宾，对原来的主人会造成伤害。所以，九二要控制自己，不是自己的就不该要，既然进来就据为己有显然是不应该的。

九二小象说：**包有鱼，义不及宾也**。如果这个时候不控制自己，把这条不明来路的鱼，或者不应该是自己所有的鱼，占为己有，那就贻害了其他的阳爻，就对他人不义。如果明白了这点，就会适当地控制自己。现在大部分人不会这样，只要有机会就去追求，甚至人家已经结婚了，都说自己有爱他的理由。这就是不安分。

当种种诱惑摆在眼前，怎样才能抵住内心欲望的膨胀？古人云："知止常止，终身不耻。"止，即是伦理道德的约束。唯有以道德自律，才不会做出逾矩之事。那么，九四爻的"无鱼之凶"又是因何而起呢？缘起缘灭往往不随人愿，我们又该如何调整好自己的心态呢？

九三爻的爻辞（图98-3），也许大家一看会觉得眼熟：**臀无肤，其行次且，厉，无大咎**。

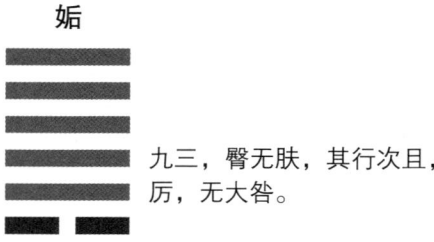

图98-3

第九十八集　宣扬文化

"臀无肤"，即屁股上面没有肉。"其行次且"，跟夬卦九四爻的爻辞是一样的，但是所处的位置不同。虽然意思都是坐立不安、步履蹒跚、徘徊不定，但在这里是"厉"。"厉"之后，还是告诉我们没有大的问题。换句话说，现在不合理，虽然没有什么过失，但是也造成了不利于他人的状况。

九三是当位的，可是跟上九是不相应的。九三还不如九二，它进退两难，甚至于进退两失，这当然很不好。为什么会这样呢？因为九三阳居阳位，太刚了，太刚的后果就是可能跟柔的缘分有点背道而驰。在这几个爻里面，我们可以看到九三是不得意的，一辈子都是独身，所以才会"臀无肤，其行次且"。

九三小象说：*其行次且，行未牵也*。九三的行为不是很牵强，它还是比较顺着自然规律走。如果牵强的话，九三一看到九四那样子，干脆去跟它抢初六，那就不太好了。

我们现在看九四的爻辞（图98-4）：*包无鱼，起凶*。

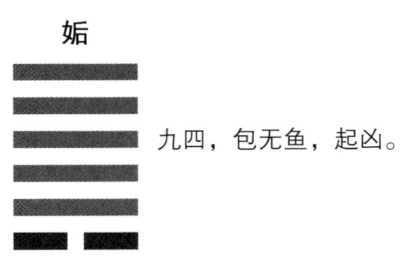

图98-4

九四原来跟初六是相应的，结果自暴自弃，该去追人家却不追，让那条鱼溜到九二那里去。这不是九二的错，而是九四自己没有尽到责任。为什么会这样呢？因为九四不当位，它虽然是阳爻，但居阴位。阳居阴位，以刚居柔不是很好。所以"起凶"，就是由自己引起的，而不是说我一时愤怒，跑到你那里去行凶而引起凶祸。每一个人都要先反省自己，如果错了，凶由自取。这样，九四还怪九二干什么呢？只要它们能够长期相守，

那也无所谓。

九四小象说：*无鱼之凶，远民也*。九四为什么会有这样的结果呢？"远民也"，谁叫你离开群众那么远呢？本来九四就要去照顾初六，既然放弃了，初六跟九二如果真的和合的话，那九四就算了。这里的"无鱼之凶"，有点奖励九二的意思。虽然九二做了一些对九四不利的事情，但是过错也不在九二。既然已经这样了，九二就要好好去维护跟九四之间的关系，但是它有点警诫九四：谁叫你自己不争气，老在那里等呢？我们应该好好理解这些意思，才能够把整个卦看得更清楚。

如果你还在为一时的得失而怨天尤人，不如现在就开始自我反省，找出问题的根源。正所谓：前事不忘，后事之师。那么，当我们回顾历史，又有哪些事例是与姤卦之象有关的呢？其中的经验与教训又是什么？在全球化飞速发展的今天，频繁的文化交流又是否存在着一定的隐患呢？

九五是卦主，即姤道的主爻。它告诉我们，居中，又是尊位，一定要下求贤能。好比自己是高大的乔木，但不高高在上，而是舍得用自己的叶子，去包住下面那些瓜。

九五的爻辞（图98-5）是：*以杞包瓜，含章。有陨自天。*

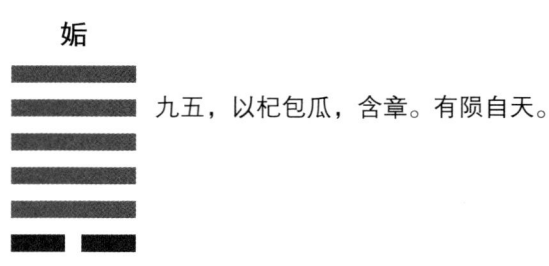

图98-5

"杞"，高大的乔木；"瓜"，指的是九二。"以杞包瓜"，九五适当地去礼贤下士，九二才能够好好做事。这里其实还有另外一个用意，就

第九十八集　宣扬文化

是坏东西已经进来了，就把它挡在一个地方，不让它太普遍，然后再想办法慢慢去改善。"含章"，把美藏在里面。"有陨自天"，意思是要靠自己去创造良好的效果，而不是等着上天降下来，再说这也是不可能的。

九五首先要自己好好做，把姤道导正过来，一开始就要防止那些乱七八糟的东西进来。回想一下，初六爻一进来马上见凶。所以，很多东西不能说试试看，不能一厢情愿地认为外国行得通的东西，在中国也行得通，毕竟国情不同，这是没有办法的事情。很多东西不应该推广出去，而是要设法制止，不能要的更不能勉强要。九二就是这样，不能要的还勉强要。君子满朝，是很多帝王都想要的局面，可是小人一旦潜在底下，那就糟糕了。

大家想想看，唐太宗时候的武则天，是否就是初六呢？当时已经有人跟唐太宗讲，有个姓武的，将来会把整个唐王朝毁灭掉。唐太宗一听很紧张，把很多姓武的都抓了起来，结果许多人成了倒霉鬼、替死鬼。他也知道武则天就在他旁边，也知道她姓武，可一看这么一个弱小女子，能成什么气候呢？他没有想到此时的弱小女子就是初六，最后当发现武则天的厉害的时候，谁都没有办法阻止了。

我们换一个角度来看，宣扬文化的时候，要怎么样呢？刚开始有新的东西，大家应当特别小心。不要认为新的就是好的，然后引进来变成很普遍的东西，那就已经造成无可挽救的恶果了。我们一开始就很谨慎，再三考虑，甚至可以在一个小地方做试点，不好的地方调整一下，变成最适合我们的，即把姤道导正，这是顾大局的做法。

九五小象说得很明白：**九五含章，中正也。有陨自天，志不舍命也**。九五之所以能够把美藏起来，是因为它的位置很好，居中又能够守正道，所以叫作"中正也"。"有陨自天，志不舍命也"，九五因为有天命，不会放弃自己的责任。"志不舍命"就是我们今天常讲的有志者事竟成。换句话说，一个社会如果风气不好，能不能把它扭转过来，关键就在于九五。

在奔流不息的历史长河中,每一片土地都曾面临本土文化与外来文化的激烈碰撞。这样的碰撞,或许会推动一个民族的进步,也有可能将其搞得面目全非。一旦如此,勿忘姤卦的忠告:面对不好的遇合,全盘接受和一味打压都不可取。取其精华,去其糟粕,最终将其化为己用,才是明智之举。那么,如果我们不幸错过了遇合的最好时机,又该怎么办呢?

上九爻的爻辞(图98-6)是:**姤其角,吝,无咎。**

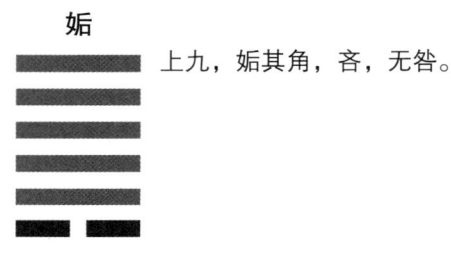

图98-6

来到上九,表示相遇的机会已经到了末端。一个人长到二三十岁,就是找对象的时候。这时候不去找,拖到三十岁到三十五岁,这五年是很难找到对象的。这是什么道理呢?因为这个人要么太过内向,要么工作太忙,要么害怕跟异性交往,这些很难一时调整过来。然后又继续拖下去,拖到三十八、三十九又急起来了。这是我们经常看到的现象。

"姤其角",就是当适婚年龄过了以后,这个"遇"已经穷极了。穷极,当然有吝,可是无咎。"无咎"是什么意思?就是上九不要再去勾引初六,因为初六跟上九分别处在卦的两端。上九要争取民心的话,也要通过别人,自己是没有办法亲自去做的。因此,上九能够了解自己的处境,也认了,就不会引起问题,这样还有什么咎呢?

上九小象说:**姤其角,上穷吝也**。在上位的人,一定要放下身段,委屈自己,然后去迁就别人。如果像上九这样,高高在上不理别人,别人找上门来也不见,这样还能够遇到什么样的人呢?上九无所遇,当然因为穷

第九十八集 宣扬文化

而吝,所以叫作"上穷吝也"。那怎么办呢?只要上九不怨天尤人,不要老怪这个、怪那个,就无咎了。

看完姤卦六个爻以后,我们可以得到一个整体的印象。婚姻是有年份的,尤其现在,男多女少,甚至比例还有点失调,所以有机会不要放弃,但是没有缘分也不要盲目地去争取。我们奉劝大家,碰到好人是你的幸运,但是碰不到也没有办法,这叫作可遇不可求。既然遇到了,就要求两个人合得好;既然没有遇到,那就算了,一辈子没有碰到好的对象,就算独身,也没有什么了不起的。

现实生活中,有好多缘分,我们遇合了,遇合了就要好聚,就要结成联姻。所以姤卦的后面,接着就是萃卦。萃卦,即要把大家的好处集合起来,这叫作聚合之道。接下来,我们就要来讲:聚合之道。

易经的智慧·第九十九集　聚合之道

俗话说：物以类聚，人以群分。我们生活的世界，万事万物都是以"群居"的形式生存和发展的。在我们古老的文化典籍《易经》中，就讲了一个关于聚集、汇拢之义的卦——萃卦。那么，萃卦告诉了我们什么样的人生奥秘呢？在现代社会的今天，企业的管理者们又该如何运用它的智慧，来应对飞速变化的人才流动呢？

第九十九集　聚合之道

我们今天都很喜欢说萃取，意思是把精华整个抽离出来。其实这个观念，跟萃卦有很大的关系。

前面我们已经多次讲过，要分析一个卦，首先看它的象，所以，我们先来看看萃卦的象是怎样的。萃卦六爻，有两个阳爻，四个阴爻。巧妙的是，三个阴爻聚集在下卦，而两个阳爻聚集在上卦，然后再用最上面的一个阴爻，来阻止下面两个阳爻往上冲。如果把萃卦的上六变成上九，那整个卦就变成否卦（图99-1）了。因为阳的力量很团结，阴的力量也很团结，两边互不沟通，这样一定是否塞不通的。所以，在分析一个卦之前先看它的象，大致上了解一下，然后再进入这个卦，会更加方便、有效。

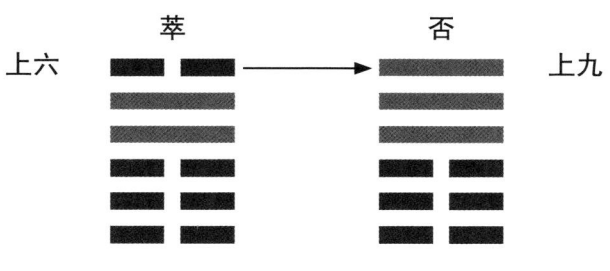

图99-1

萃卦中，两个阳爻就代表被聚集的对象。人是很矛盾、很无奈的，如果不跟别人聚合在一起，就难免孤单、寂寞，想做事情而没有帮手。可是当跟别人聚集在一起的时候，更加伤脑筋，因为大家七嘴八舌，各有意见，每个人都想帮忙，反而给自己制造了一大堆问题。很多老总都说，我身边有一帮精英，其实这是骗自己。如果一个公司里面全都是精英的话，

老板还干得下去吗?想想看,如果一位将军,所领导的人个个都是大将,那还能管得了谁呢?所以,我们学习萃卦就应该了解,聚有聚的痛苦,散有散的悲哀,这才叫一阴一阳之谓道。

在当前飞速发展的社会中,聚集人才是企业快速成长必不可少的条件之一。那么,企业的管理者们又该如何来招揽人才、留住人才呢?而象征着聚合之道的萃卦,又会带给我们什么样的启示呢?

首先来看萃卦的卦辞(图99-2):萃,亨。王假有庙,利见大人,亨,利贞。用大牲吉,利有攸往。

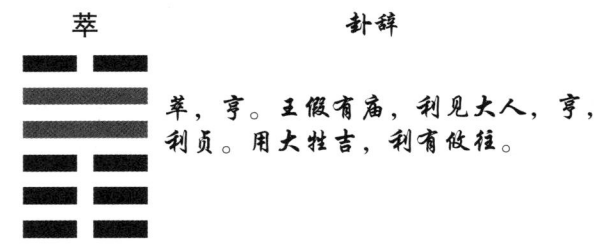

图99-2

"亨",即亨通。老实讲,不把好的人才聚合在一起,怎么可能亨通呢?但是,卦辞马上提醒我们:王假有庙,利见大人。要称王,必须要有自己的宗庙来祭天。意思是说,想当王,就得想想这个"王"字怎么写。三横一竖非常简单,但是这一竖很了不得,因为它代表通天。

大家都知道北京有个天坛,但很多人并不了解天坛是用来做什么的。其实,天坛就是北京的泰山。为什么这么说呢?古代的皇帝,要到泰山去祭天。如果皇帝每年跑一趟,会不会觉得太辛苦呢?当然会。因此才建造了天坛,让皇帝在那里祭天。所以,我们说天坛就是北京的泰山,一点不过分。

"王假有庙",能够做到保有宗庙的地步,就不简单。我们中国人,不会消灭别的种族,但是会把人家的宗庙毁掉。比如历史上每次改朝换

第九十九集　聚合之道

代，都把前朝的宗庙破坏掉，再竖立起自己的宗庙。这完全是象征性的一种表示。王，如果能够保有自己的宗庙，就表示站得很稳。

"大人"在这里特指才德兼备的帝王。在萃卦里面想走到九五的位置，要特别小心，因为所有好的人才都来了，但要领导他们是非常困难的。因此，帝王只有才德兼备，朝这个方向去努力，才会亨通。

卦辞下面接着告诉我们：利贞。长期地保持正向，走正道，政通人和，才能够长期地萃聚人才。否则的话，就算能把人才从各方招揽来，他们彼此有意见，就一定会分派系，而一旦派系斗争起来，说不定反而把自己搞垮了，历史上这样的事情屡见不鲜。所以，到了这个时候，帝王不能小气，不能用很薄的礼去祭拜，而是"用大牲吉"。要祭天地、祭祖宗，就要用很丰盛的祭品，表示自己把人才都聚集起来了，应该得到老天的保佑。"利有攸往"，如果做到这点，也就是财力够了，资源有了，人才也不远千里统统来投靠自己，当然无往不利。

所谓政通人和，才能广聚天下英才。然而，当企业大规模汇聚人才之后，又会出现许多这样那样的问题。那么，迷茫的企业管理者们又该如何应对呢？在我们古老的《易经》中，又是如何诠释的呢？

萃卦彖辞说：萃，聚也。顺以说，刚中而应，故聚也。王假有庙，致孝享也。利见大人，亨，聚以正也。用大牲吉，利有攸往，顺天命也。观其所聚，而天地万物之情可见矣。

"萃"，是这一卦的卦名，它到底是什么意思？"聚也"，即把事物聚集起来，把人才聚集起来。一个人，能够把有能力的人都聚集在自己这里，共同来努力，那是非常不简单、非常了不起的。"顺"指的是萃卦的下卦坤卦（图99-3）。坤卦三爻都是空的、虚的、柔的，所以它很顺。"说"，即悦，喜悦的意思，指的是上卦兑卦（图99-3）。"顺以说"，底下的人很顺，没有太多意见，也不一天到晚想跟上面抗衡；而上面很喜悦，因为想做的事情都很顺利，大家都很欢迎，这样怎么可能不高兴呢？

所以，一个人能够让底下人很顺从，让上面做决策的人很喜悦，是非常了不起的。

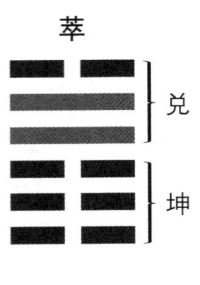

图99-3

"刚中而应"，萃卦九五就是刚中，六二跟九五相应，代表群众里面的一个领袖。讲到这里，我们应该想到，如果君子怎么也看不惯小人，一定要把他们赶尽杀绝，那君子本身就已经不是君子了。九五知道，靠自己一个人没有用，还需要六二的帮助。如果九五自高自大，认为民间的领袖不能够跟自己比，那就糟糕了。因为若是九五不靠六二，基层会稳固吗？自己高高在上，会长久稳定吗？这是萃卦最主要的精神。上面当然比下面行，可是如果高层看不起基层，基层就跑掉了。高层给他压力，他就抵抗，所以高层必须回应他，照顾他，让他好好表现，这样子才能把他们聚集起来。

"王假有庙"，就是"致孝享也"。换句话说，即不忘根本。其实孝道最主要的精神，就是我们一辈子不能忘记父母。一句话，只有父母能把我们生下来，我们再神通也没有办法把自己的父母生出来。所以，既然把人才聚集起来，就要安抚这些人，使他们不会叛变。怎么安抚呢？做给大家看，首先表示自己是不忘根本的。这样一来，就"利见大人"，就会亨通。

孝道最主要的精神，就是我们一辈子不能忘记父母。
——《易经》的智慧

第九十九集　聚合之道

"聚以正也"，即以正道相聚合。我们最怕的就是领导者到时候变了心，导致整个局面都乱掉。所以，领导者始终要正。九五可以什么都不做，但一定要让大家看到，自己一直是走正道的。

"用大牲吉"，为什么要用大牲呢？因为在这个时候，如果帝王还舍不得，那不是小气吗？一个人没有钱的时候，非要搞很丰盛的牲礼来祭天，那叫充面子，叫打肿脸充胖子。老天看着都可笑。可是当帝王有这样的能力的时候，就要舍得，否则就是小气了。连对天都小气，怎么会照顾底下的人呢？牲礼要跟大家分享，那就更好了。能做到这些，不管做什么事情，都无往不利，所以叫作"利有攸往"。为什么能够达到这么好的地步呢？就是"顺天命也"。"顺"就是不违，不违就是要遵循天命，将天意与人事合一。

"观其所聚，而天地万物之情可见矣"，一个老板，我们只要看他所带的人是什么样的，就能知道这个老板如何。几个人在一起谈论事情，看他们所聚集的人是什么样的水平，就知道事情会有什么样的结果。大家一起看书，每个人所看的书不同，就知道各个人是什么样的性情。推而广之，天下万事万物，所有的情况都瞒不了高明的人。萃的厉害也就在这里。

古人云：人生不如意事十之八九。成功的道路，不可能一帆风顺，如果遇到反对者或是小人，我们又该如何应对呢？在施行仁政的同时，又该如何求同存异呢？

萃卦的大象传说：*泽上于地，萃。君子以除戎器，戒不虞。*

萃卦上六是一个阴爻，把九五跟九四看成一个阳爻，下卦三个阴爻看成一个阴爻，这样萃卦就变成了坎卦（图99-4），说明这是有高度危险，很难去处理的。"泽上于地"，有了地，泽才能存在。想想看，如果下面的地很稀松，泽上的水全都渗了下去，最后只能剩下干干的地，很难生长东西，更何况育人了。这说的是，泽水之所以能够聚集起来，主要是因为泥土有相当的防卫能力、约束能力，才不会使泽水流散掉。

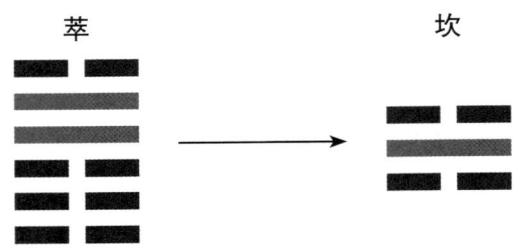

图99-4

君子看到这种自然现象,就慢慢体悟到,要"除戎器,戒不虞"。"戎器",就是兵器,今天叫作军备。"除",不是消除,而是治理的意思。虽然不打仗,但要时常整治军备,否则就松散了,万一别人趁机来攻打,岂不糟糕?所以,即使不打仗,也要练兵,也要提高自己的兵力、战备,并且不断地演练,这就叫作"除戎器"。它的目的是"戒不虞"。"不虞",即不测。万一别人趁虚而入来攻打我们,我们也有所准备。所以,《孙子兵法》以防为主,而不是以战为主,这在全世界是很少有的。因为全世界的兵法,都以战为主,讲求战胜。而对我们中国人来说,只要不败就好了,这种思想跟萃卦有着非常密切的关系。

随着现代社会的高速发展,为了发展经济保护环境,全世界都在谋求文化上的交流,资源上的合理调配。人类共同的理想社会,就是天下大同。但是,虽然有了联合国这样的世界性组织,为什么地球上还是争端不断呢?

我们来探讨一个问题:联合国算不算共主呢?不够资格,因为联合国没有这样的修养。在我们这个地球村里,人类聚则有为,不聚则孤零。现在每个国家都没法选择,不参加WTO,就变成孤家寡人,什么贸易都受到限制,经济没有办法发展。而一旦加入,牺牲就很大,因为WTO的规则根本就是几个大国所制定的,不利于小国的发展。所以在这个时候,我们

第九十九集 聚合之道

特别佩服《易经》中的萃卦告诉我们的："利见大人"，才会"亨"。要做世界各国的领导，这个人必须才德兼备，否则地球村是很可怕的：有样子，却没有实质，各搞各的，嘴巴上讲得很好听，实际上都做不到。

萃卦三个阴爻在一起、两个阳爻在一起的象，就是告诉我们物以类聚，人以群分。很多人说形成地球村以后，国家会变成虚拟的，要么家庭，要么社区，再就是天下。其实没有这回事儿，大家不要上当，那只是现在的强国想要迷惑我们的话。因为国家还是很重要的，如果自己的国家都不强盛，就要国际化，就要与国际接轨，萃卦告诉我们，这样会造成严重的问题。刚跟刚在一起，柔跟柔在一起，这是自保。要先保住自己，才有办法国际化。自己的国家都保不了，怎么去国际化呢？只会沦为苦工罢了。所以在国际化之前，一定要先把自己的国家搞好。

萃卦告诉我们要用高尚的品德来汇聚人心，走正道，施仁政，才能长久亨通，无往不利。当我们了解了萃卦的精髓之后，在现代社会的今天，我们又该如何运用萃卦的智慧来面对工作和生活呢？

我们一方面要把人才聚集起来，另一方面要做到一个"安"字。之所以要安民，要安人，要安百姓，就是因为好不容易才把人才聚集起来，如果他们不安，就会叛变，会搞派系，斗得内部不得安稳。聚集人才是很重要的，而更重要的是让聚集起来的人才志同道合。当然，萃也有很可怕的一面。当我们把人才聚集起来以后，就要正襟危坐，高度警戒，国家一强盛，军备就要提升。因为虽然我们不去攻打别人，可别人可能会向我们挑衅。

> 聚集人才是很重要的，而更重要的是让聚集起来的人才志同道合。
> ——《易经》的智慧

讲到这里,我们现在要做什么呢?把宗庙好好建起来,把孝道恢复起来,不要忘记根本。我们的根本是什么?天地、祖宗,还有自己。每个人都是这样,自己才是根本。没有了自己,理想就不见了;没有了自己,能力就消失了。所以明哲保身很重要,不要总往坏处去想。在当前这个社会,人类对萃道要特别加以研究。所以接下来,我们就来讲:聚少离多。

易经的智慧·第一百集 聚少离多

俗话说：有人的地方，就有江湖。社会上错综复杂的人际关系，常常让我们焦头烂额。当我们有幸济济一堂时，该如何处理彼此之间的关系呢？而象征着汇聚的萃卦中，各爻之间又有哪些微妙的关系及互动呢？我们在职场中，大家来自五湖四海，汇聚于此，彼此关心照顾，但同时彼此又蕴藏着竞争。我们又该如何摆正自己的位置，规范自己的言行，而最终立于不败之地呢？

第一百集　聚少离多

我们常常听到一句话，中国人特别喜欢当老板，老板之多，好像全世界第一。是不是这样呢？我们一起来看萃卦，它有两个阳爻、四个阴爻，到底是阳爻当老板，还是阴爻当老板呢？要回答这个问题，首先要弄清楚什么叫老板。所谓老板，就是把人才萃集起来的人，可见老板只有两个阳爻是。不管怎么样，老板永远是少数，因为老板是汇聚人才的人，而其他的人，是想要找好老板的人。所以我们看到萃卦就应该知道，这四个阴爻，都是想要去找好老板的。可是普天之下好老板就两个：九四和九五。大家都很喜欢找到九五，但是九五所能容纳的必定有限。因此，是不是也可以考虑一下九四呢？

从爻的相应（图100-1）来看，六二得天独厚，跟九五一阴一阳相对应。既然相应，是不是六二就可以不顾一切去投奔九五？好像不行。因为六二上下都是阴爻，不得不考虑爻际关系。所谓爻际关系，就是某一爻与位于它下面和上面的两个爻之间的关系。现在，六二有两个因素需要考虑。第一，上下都是阴爻，自己会去投奔九五，难道初六、六三就不会吗？它们也很想找到好老板。如果统统去，让九五怎么办？第二，会不会引起初六与六三的排斥？同性相斥，它们可能想尽办法来破坏。

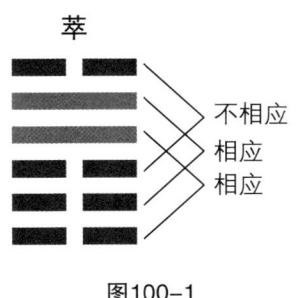

图100-1

再看初六与六三。初六与九四是相应的，大可放心地去等。但是初六有本事等吗？没有，因为它不当位。初六阴居阳位，本身就有问题，就算上面有人想提拔，也很难。六三，更是麻烦。六三跟九四靠得非常近，这样下面两个阴爻就有意见，就会扯后腿。何况在九四心目当中，想要提拔汇聚的人才，根本就是初六。

我们之所以这样分析，就是建议大家以后分析一个卦的时候，要先看它的卦形，也就是阴阳爻的分配，然后再看相对应的爻是否相应，最后再看每个爻上下之间的爻际关系。把这些都搞清楚了，大概就基本参透了这个卦。

如果说千里马难寻，那么伯乐就更加难找。要想得到一个可以依赖终生的好伯乐，就要求我们必须有坚定不移的心志。如果三心二意，诚心不足，就只能陷入迷茫之中了。在现实职场中的你，又是如何选择的呢？而萃卦中的初六，又给了我们怎样的忠告呢？

我们先从初六爻看起，爻辞（图100-2）是：**有孚不终，乃乱乃萃，若号，一握为笑，勿恤，往无咎。**

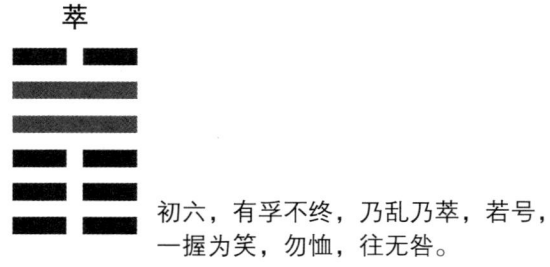

图100-2

"有孚不终"，初六刚开始信心满满，觉得自己一定可以找到好老板，可后来就慢慢怀疑：自己人际关系不广，家庭背景又不怎么理想……然后就渐渐迷乱起来了。"乃乱乃萃"，第一个"乃"，是"于是乎"的

第一百集　聚少离多

意思；第二个"乃"，指初六自己。"乃萃"，自己本来应该去萃集的地方。初六急着找工作，既迷茫又慌乱，很容易饥不择食，找错了地方。一个人，去了不该去的地方，就等于放弃了该去的地方。"若号"，号啕大哭的样子。什么叫"一握为笑"呢？弹指之间，突然间感觉到其实自己不必顾虑那么多，老天都为自己安排得好好的，然后就笑了。"勿恤"，不要忧虑，不要想那么多。"往无咎"，直接去找九四，就没有后遗症了。

在现实生活中，很多求职的人对职场不了解，找工作的时候，既着急又害怕被别人笑话，因此很容易慌乱。用我们常讲的一句话说，就是病急乱投医。一慌乱，随便找一个再说。我相信很多人有这种心态，这自然是不好的。

初六小象说：*乃乱乃萃，其志乱也*。之所以那么迷惑，是因为把萃道的精神搞乱了。换句话说，自己的疑心迷乱了自己的意志。所以，情绪要稳定，遇到任何事情不要急，一急就乱，乱了之后一定出问题。凡事要按部就班，稳定情绪，坚定决心，该怎么走就怎么走，这是初六给我们最重要的启发。

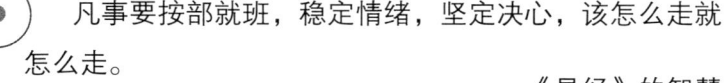

凡事要按部就班，稳定情绪，坚定决心，该怎么走就怎么走。
——《易经》的智慧

古人云：知人者智，自知者明。在职场中，我们该如何摆正自己的位置，坚守自己的诚信和道德，最终得到上司的肯定呢？然而，欲求却不得时，又该如何调整自己的心态？在我们源远流长的历史文化中，又有哪些脍炙人口的故事流传至今呢？

六二爻就比较不一样了，先看爻辞（图100-3）：*引吉，无咎，孚乃利用禴*。

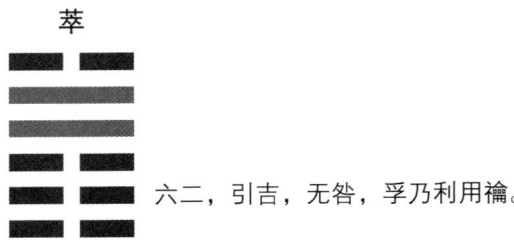

图100-3

六二跟九五是相应的，可以说沟通良好，所以会"引吉"。"引吉"，意思是不要主动，不要着急。既然有这么好的条件，还急什么呢？等一等，自然有人来指引，这样便顺理成章，就没有后遗症，即"无咎"。"禴"，古代的一种祭礼，不必很丰厚。"孚乃利用禴"，六二初出茅庐，累积的资财、人脉都不够，用薄礼去祭祀，来表示自己的诚信，让大家知道自己很守正道、很守分。

在历史上，最典型的人是孔明。孔明就是萃卦的六二。他隐居南阳，刘备在徐庶的建议下，慕名前来请他出山。诸葛亮没有一下子就冲出去跟随刘备，而是进行了一番试探。后在刘备三顾茅庐之后，他才接受重任。这样才会"引吉，无咎"。

六二小象特别说明：*引吉，无咎，中未变也*。之所以能"引吉，无咎"，就是因为六二守正道，坚持自己的理想，不像初六那样变来变去。

六三爻辞（图100-4）说：*萃如嗟如，无攸利。往无咎，小吝*。

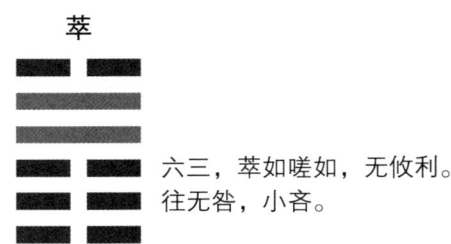

图100-4

第一百集　聚少离多

六三处于下卦的最上位，它的上面是两个阳爻，跟它都没有对应关系，而跟六三相应的是最上面的上六爻。这表示上面没有人赏识它，也没有人敌视它。而下面的初六和六二呢？它们各有各的想法，也不会听六三的。所以，六三很想找到合适的老板，但就是找不到。于是只好嗟叹不已：时机对我不利，老天没有眼，有志难伸，怀才不遇。在这种状况之下，不管到哪里都是行不通的。但是，为什么还只是"小吝"，同时"无咎"呢？就是告诉我们如果真的碰到这种状况，最好静下心来，直接去跟上六互动。

所以，小象说：*往无咎，上巽也*。为什么"往无咎"呢？因为六三跟上六是相对应的，而上六是柔的，比较容易谅解六三，收容六三。如果六三没有找上六，就有咎；如果赶快去找上六，就无咎。虽然找到上六以后，六三心里头还有些愧疚，但那只不过是小吝而已，没有关系。

俗话说：伴君如伴虎。身居高位的人，遇事往往更加危险。而身为"近臣"的九四，如何能够在自己广得民心的同时，又不会引起九五的猜忌呢？而身为至尊的九五，又该如何修为自己的德行，从而安定天下呢？

九四爻辞（100-5）说：*大吉，无咎*。

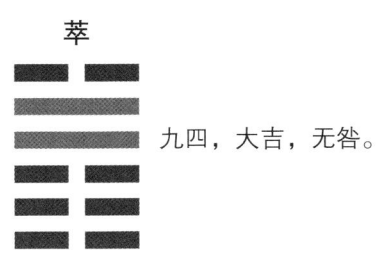

图100-5

九四，是大家争相投奔的对象。"大吉，无咎"是什么意思？我们读《易经》千万要注意那些加强语气的词，说大吉我们马上就要想到大凶。

大凶跟大吉怎么调和呢？其实很容易，《易经》往往用最简单的词句来告诉我们最复杂的事情。九四处在这个位置，下面有三个阴爻，都顺着九四，这让九五日夜不安，岂不是凶吗？但是它提醒我们，这是可以变成大吉的。怎么做呢？九四要建立大功，来让九五安心，这样才会无咎，否则一定有咎。所以，九四爻给我们的启示是，一个人太靠近老板，而表现得又这么好，就要比其他人更加提心吊胆，更加小心翼翼，才不会出差错。

九五爻辞（图100-6）说：**萃有位，无咎。匪孚，元永贞，悔亡**。

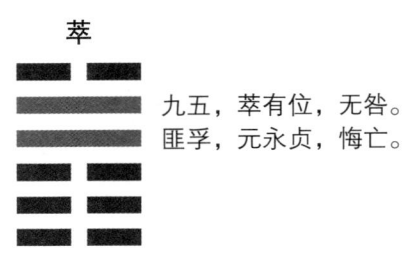

图100-6

"萃有位"，是告诉我们不可以固守这个位置，要有德，要修德，这样才能保住这个位置，当然无咎。既然说无咎，其隐含的意思是本来会有咎。权力使人腐化，比如很多皇帝刚即位的时候，任用贤臣，做了许多利国利民的好事，但后来却一塌糊涂、昏庸无度。这就是因为位置有了，就忘记修德了，而大臣们因惧怕其位，也不敢提醒，怕引来杀身之祸。

"匪孚，元永贞，悔亡"，是什么意思？"匪"，就是非；"孚"，就是诚信。"匪孚"，即不是没有诚信。如果没有诚信，怎么可能成为萃卦的九五呢？在很多卦里，当九五并没有那么难，而萃卦是所有英才进入的时候，要当这么多英才的领导，难度可想而知。"元"，就是要持之以恒。从一开始就要能够永贞，永远地保持正道。"悔亡"，没有什么可后悔的。"悔亡"，隐含的意思是原本是有悔的。悔在哪里？九四。如果九五乱了，九四就有机可乘，即使九四自己不做，也难保底下的人不会怂恿。历朝历代这样的事情太多了。

第一百集 聚少离多

九五小象讲得很清楚：**萃有位，志未光也**。小象很巧妙地告诉我们，虽然现在位置是有的，而且是牢固的，但是千万不要大意。为什么？因为"志未光也"，德志德业还没有光大。"光"，就是光明的意思。光明是摸不到的，不像具体的物品那样可以拿走。那怎么办？九五要特别注意，只有"萃有位"，才有资格讲无为。换句话说，那些有形的东西让九四去做，而自己要把无形的德业发扬光大。这样，自己的号召力、感应力、影响力就会不断增强，足够使得九四好好地把事情做好，自然就安如泰山了。

人生不如意的事很多，生活中充满了变数，时常让我们茫然而无助。在我们古老的《易经》中，萃卦的上六爻又告诉了我们一个什么样的故事呢？面对生活中的孤独无援，我们又该如何应对呢？

上六爻辞（图100-7）说：**赍咨涕洟，无咎**。

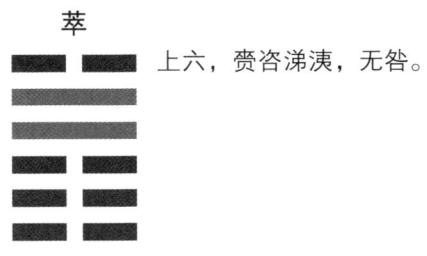

图100-7

"赍咨涕洟"，眼泪、鼻涕都流出来了，痛苦不堪，嗟叹不已。为什么会痛苦呢？有两个原因。第一，上六阴爻在九五阳爻之上，这叫作阴乘阳，柔乘刚，是最不利的位置。底下的人都会来找麻烦，而上六乘在九五之上，是首当其冲的。第二，下面三个阴爻，很团结地在一起（这里的团结，是指利害关系），而上六在九五的上面，完全被摒弃在外面。既然如此，为什么无咎呢？因为上六知道自我检讨，不责怪别人，能够接受六三的投靠。上六最大的目标就是稳住那些像六三之类的人，用这种方法来帮

助九五稳定天下,自然就无咎了。

上六小象讲得非常清楚:*赍咨涕洟,未安上也*。上六之所以会"赍咨涕洟",是因为"未安上也"。上六处在萃卦的上位,要安分守己,因为毕竟老了,让底下的人去表现就可以了,不必非得自己插一脚。如果非要强出头,那便是孤立无援、自寻麻烦。

萃卦的各爻之间,蕴含着错综复杂的关系,而这些关系正象征着我们的职场。身在职场中,我们又该如何运用萃卦的智慧,来面对复杂多变的环境呢?看完了萃卦,我们又感悟到怎样的人生智慧呢?

分析完萃卦以后,我们应该有一个想法,就是任何事情都是积小成大的。心可以大,但不要幻想一步登天,天底下没有这样的好事。凡事都要慢慢来,从小事做起,慢慢积小成大,这才是真的大。如果觉得现在时机好,就赶快扩张,很可能会因扩张而倒闭,这样的事情我们看过太多了。要知道,积小成大,才能稳固,才能长久。

 积小成大,才能稳固,才能长久。
——《易经》的智慧

萃卦下面一卦是升卦,萃、升两卦是相综的。把人才都萃集起来了,能不升吗?但是升卦提醒我们,不要升得太快,要积小成大。否则就可能像风筝一样,升得快,飞得高,倘若一断线,便什么都没有了。所以接下来,我们就来讲:积小成大。

易经的智慧・第一百零一集　积小成大

人人都希望自己升官发财、功成名就，但遗憾的是，一些人根本没有机会"升"，还有一些人抓住机会迅速上升，以为实现了所谓的人生价值，却又瞬间跌入谷底，犹如昙花一现般消失殆尽。那么，什么才是真正的"升"？而我们如何才能做到真正意义上的"升"呢？

第一百零一集　积小成大

升卦跟萃卦是相综的（图101-1），把萃卦颠倒过来，就成了我们现在要讲的升卦。中国人最喜欢听的一句话，就是升官发财。升官往往跟发财连在一起，是不是表示升了官，就会有意外之财？不是这个意思，而是说一个人升了官，就要为大家谋取财富，这样自身也会得到更多的薪资、酬劳。所以，这里的"财"，应该是指大众的财，而不完全指个人私己的财。

图101-1

从这里，我们可以看出，升本身有两种情况，一种是实升，一种是虚升，正所谓一阴一阳之谓道。如果一个人希望靠升官来增加俸禄，在这些方面求升的话，到最后会发现那都是虚的。如果一个人要求自己的品德不断提升，那这样的升是没有止境的，因为它是实的。实在的东西可以不必限制，不停地求升，但是那些虚的东西，一定要适可而止，不要过分才好。

《序卦传》讲得很清楚：**聚而上者谓之升**。把好的人、好的事情聚集在一起，就要不断向上升，而不是向下降。我们总说某个人很会钻空子，

意思就是他没有向上求进步。向上是什么意思？就是正大光明的意思。千万记住，目标要正大，行为要光明，这样就可以不停地去追求上升。

 目标正大，行为光明，就可以不停地追求上升。
——《易经》的智慧

我们现在又得到一个很重要的信息，既然在升卦，只能往上，不能往下，所以六个爻统统要有上升的意思，不能说这个爻升那个爻不升。可是统统往上升，这也很麻烦，为什么？因为这样的话，每个人都要同心协力，万众一心，只有一个目标，不可以自乱阵脚。

尤其是现在，一个人不求上进，跟以前不求上进还有些不同，为什么？因为以前反正大家也没什么机会，上不上进，都差不多。而现在不一样了，现在情势大好，机会很多，如果再不求上进，不但自己难过，别人也看不起。也许大家会觉得，中国人是不是太势利了？要往上，人家才看得起；不往上，人家就看不起。很多人据此骂中国人势利，但是这样有什么不好呢？其实我们从升卦里面去体会就能找到答案，在形势大好，普遍上升的情况下，只有自己拖拖拉拉，不升反降，别人怎么会看得起呢？

虽然升卦要求六个爻统统往上升，但是俗话说：巧妇难为无米之炊。我们不能排除，有些时候确实不具备上升的客观条件，心有余而力不足。那么，当我们处在这种状态时，该怎么做呢？

升卦代表的是人类自强不息的一种动力。如果有形的升不上去，那无形的总可以吧？这样各位才知道为什么孔子老说君子固穷。君子固穷，意思是穷的时候，还是可以升的。升什么？品德。所以，有时候穷的日子也可以过得很愉快；反而富有，很容易身败名裂。这是什么道理？一个人求升心急，一心一意想要升，一旦认为有机会，不管怎样都要把握，这就非

第一百零一集　积小成大

常容易被利用。别人看他这么急，会故意设下很多陷阱，猝不及防，后果自然可想而知。升得快下得快的事情，相信大家看过的也很多了。这就是不了解升卦的道理。

我们首先来看升卦的卦辞（图101-2）：升，元亨。用见大人，勿恤。南征吉。

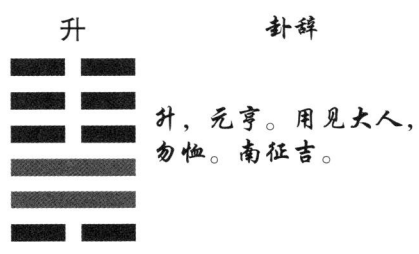

图101-2

升，本来是亨通的，为什么这样说呢？我们看升卦的卦象（图101-3），四个阴爻，两个阳爻。阳爻一定是往上升的，因为阳的本性就是往上升的，所以升卦上升的气全在这两个阳爻上面。如果这两个阳爻已经升到顶了，那就叫大有可观，大有可观就无所作为了，只能被别人当榜样，这不叫升。如果这两个阳爻分开了，力道不够强，可升可降，那就会浮沉不定，这也不叫升。所以，这两个阳爻的位置一定是在下卦，不可能跑到上卦去，而且还要结合在一起，不可以分开。

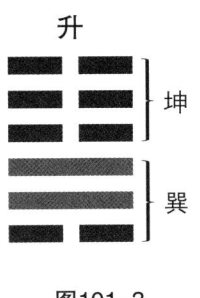

图101-3

升卦上卦是坤卦（图101-3），坤卦是很柔顺的。下卦是巽卦（图101-3），巽卦两个阳爻团结起来，向上如入无人之境，根本没有障碍。这表示环境很好，这时候再不升，是说不过去的。可是当两个阳爻往上升的时候，会发现初六爻像两个小尾巴一样尾随。如果不是往上升还发现不了这有什么不好，越往上升，越觉得底下空虚。用今天的话来讲，就是基本功不足。现在多少搞企业的人，吃亏就吃在根基不足上面。

当今社会有很多著名企业，都以十分迅猛的速度，在顷刻之间就创造出巨大的财富。但到最后，却又如昙花一现般一一倒下。那么，升卦的卦辞会给企业管理者们，提供哪些让企业持盈保泰、良性发展的方法呢？而这些方法对我们个人的成长，又有哪些帮助呢？

坤卦是很包容的，它不会阻碍你，而下卦巽卦是很谦虚、很谦顺的。一个人的态度良好，机会又很好，当然上升得很快。可是这时候，要记住：用见大人。什么叫用见大人？整个卦，最有魅力的是九二。九二阳刚得中，想往上走，一定要得到六五的赏识、包容和支援，这样才会上升得很顺利。但是一般人不这样想，刚开始会觉得幸好上面有人拉一把，自己才有今天，可是慢慢上升以后就觉得自己实力很足，上面根本没有阻碍，然后就把六五整个忘掉了。殊不知，到这时候就糟糕了，好像风筝断了线一样，飘浮在空中，不知所终了。

因此特别提醒大家，上面有人赏识，这是自己的优势。有了这样的优势，就不用忧虑了，即"勿恤"。"恤"，就是忧虑的意思。但是，卦辞下面为什么说"南征吉"？在《易经》里面，天南地北，天代表一片光明，光明是火，火就是离卦，离卦就代表光明。意思是提醒我们，虽然现在有人照顾，机会一片大好，自己不必忧虑，可是千万记住，不能够更改朝向正大光明的初衷，这样自然会获得吉祥。很多人就是走着走着，把这个初衷忘记了，后悔晚矣。

第一百零一集　积小成大

在上升的过程中，虽然升卦给我们提供了良好的外部环境，但是，要上升到什么位置，上升到哪种程度，还是取决于我们自身。那么，我们应该做些什么，才能使得自己的上升之路既扎实又稳定，从而不会出现昙花一现的局面呢？

升卦的大象传说：**地中生木，升。君子以顺德，积小以高大**。地里的树木慢慢成形，生长出来，人不会去踩它，还会照顾它，甚至到了冬天还把它包起来，或者盖一些草，生怕它受寒受冻。这样树木自然能长得很好，将来会对社会有所贡献。这就叫作升。

君子看到这种现象，应该怎么办？两个字而已：顺德。顺着地中生木这种特性，顺着时节逐渐上升。树木绝不能一下子成长为栋梁之材，它要经过四季不同的时期，所以有年轮。在南方比较热的地方，树木长得很快，但却不结实，拿来做东西，很快就坏了。可是在寒带，树木长得很慢，但很结实，结实才更有价值，更有用。庄子也告诉过我们：直木先伐。请问大家，如果你到山上选木材，是选长得直的，还是弯曲的？相信大家都会选直的。

很多人都想，升迁当然需要很顺利，最好一年跳三级。但是这样很容易引起别人的嫉妒，会想尽办法把你拉下来。想想在恶劣环境下成长起来的树木，它们为了适应环境，必须不断调整自己，虽然长得缓慢，但很结实，最后寿命反而长。这就是顺德，顺着外面环境时刻调整自己，因为我们的目的不是在成长，而是在修德。如果各种环境都经历过，我们的品德可以适应各种能屈能伸的状况，那还有什么可忧虑的呢？这才能叫"勿恤"，真正的道理是积小以成大。

要做大事情，应先从小事情开始。小事情都做不好，怎么能做成大事情呢？要做大善人，先从小善人做起。积小善而成大善，由小功而成大功。这就好像树木由发芽然后慢慢长大，长到别人认为是木材的时候，自然会加以保护。一个人求上升，要看到两个方面：一是品德的上升，二是事业的上升。品德方面，我们叫作德业；工作表现出来的成绩，我们叫作事业。

 积小善而成大善，由小功而成大功。
　　　　　　　　　　——《易经》的智慧

我们可以看到，整个升卦，是有坎相的。把上卦三个阴爻看成一个阴爻，下卦两个阳爻看成一个阳爻，一个阴爻一个阳爻，再加上初六一个阴爻，就是一个坎卦（图101-4）。这就告诉我们，水往低处流，当向上升的时候，务必小心谨慎。

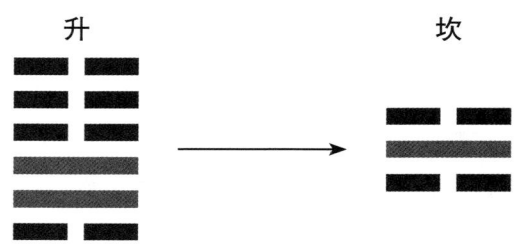

图101-4

在这个步步高升的卦象里，不仅蕴藏着坎卦，还提醒我们，在上升的过程中，要小心"水往低处流"。那么，这里的水代表什么？而我们又需要提防些什么呢？

一个人步步高升之后，其品德很可能像水往低处流一样，越来越低劣，越来越卑鄙。为了上升不顾一切，不择手段，最后一定是坎。人要往高处升，所以做人很辛苦、很艰难。我们没有水那么舒服，它本来就是往低的地方流，这是自然而然的，无须劳心费力。可人就不同了，不但要往上爬，还要选方向，不能有路就走，有缝就钻，有机会就抓。所以大家都说，做人很辛苦。因为我们要做一个像人的人，当然辛苦，但是如果不择手段，没有目标，只是盲目追求一些看得见的利益，那也不见得多么辛

第一百零一集　积小成大

苦。这样我们才知道，为什么智者乐水，仁者乐山。

仁者乐山是说，山在眼前，我们总想爬上去，看看远处的风景，这是自然的，无可厚非，但要知道适可而止。很多爬山的人之所以到最后死在了山上，就是因为他们的欲望越来越高，征服了这座山不算什么，还要征服那座，最后只能死路一条。乐山是告诉我们，山外有山，天外有天，人上有人，要知道适可而止，不要总想着征服。所以，我们看到山就说爬爬小山很愉快，但是爬大山就要考虑自己的体力能不能负荷得了，还要做好充分的准备，否则的话，最好适可而止。

智者乐水是说，当看到水的时候，要做好防范工作，因为水是很危险的。水下面的漩涡谁也看不到，但一掉入其中，便很难生还。

其实山虽然看得见，但也变化莫测。比如刚进山的时候，风和日丽，但是走了没多久，便雾气蒙蒙，连路都分辨不清。所以，爬山之前，最好估计自己的体力能爬到哪里，怎么退回来。很多人说大不了带帐篷晚上扎营，但也很难保证不会出现意料之外的事情。

看似平静的山水，其实都是很危险的，就像我们要求出名，却经常被一些始料不及的事情搞得身败名裂一样。

不同的人对"升"，有着不同的要求，也会获得不同的结果。那么，究竟什么是"升"？而我们怎样才能实现真正意义上的上升呢？

怎么才是真正的上升？我们把它归纳起来，有三个至关重要的因素：第一，诚信务实；第二，积小成大；第三，适可而止。先把眼前的事情做好，该进的不要退，不该进的不要想尽办法求快。我们要顺其自然而不是听其自然，我们的目的是尽人事听天命，这样才能够无怨无悔。如果还能进，绝不偷懒；如果不能进，绝不勉强。要始终维持一种上升的心态，脚踏实地，目标坚定，当然要做到哪步算哪步。这叫量力而为，一点都不消极。

这里有一个问题，为什么不是尽力，而是量力而为？其实，二者是一

样的道理。尽力就是把自己的力气毫无保留地用出来，有多少力气，就做多大的事情，这也叫量力。一个人可以搬三十公斤重的东西，现在勉强搬三十五公斤，或者四十公斤，这是尽力，也是量力。但如果非要搬六十公斤，那非得把自己压垮不可，最后事情反而被耽误了。这就是有好心而没有做出好的结果，也是升卦给我们最重要的启示。

任何事情的虚实、正反、高低，都要因"时"而做合理调整，升也是一样的。如果时机良好，上升很快，就绝不偷懒；如果碰到困境，就慢慢来，慢慢调整，然后再升，这才叫作阶段性地升。凡是升得很快速的，往往升得快，掉得也快，因为下面是虚的，根基不稳。这时候发现问题，再回头练基本功，往往已经时不我待，来不及了。既然如此，为什么不在慢慢上升的时候，先把基本功充实起来呢？要知道，只有这样，才可能持盈保泰，才可以升而不降。可是要做到这样，并非易事，关键还是"时"。

所以，我们要把升卦六个爻好好分析一下，这样大家才知道"时"的影响力之大。接下来，我们就来讲：适时上升。

易经的智慧·第一百零二集

适时上升

当我们遇到上升机会的时候，都希望抓住机会获得成功。但是升卦却主张，在某些时间、某些阶段，要把自己的劳动成果转赠给别人，才能获得真正的升迁。那么，升卦中究竟蕴含了哪些神妙玄机？而升卦又给处在不同位置上的人们，指出了哪些不同的上升之道呢？

第一百零二集　适时上升

一个人有上升的机会，当然不能放弃，否则"时"一改变，再想上升就难了，那岂不遗憾？可是在上升的时候，我们一定要注意，自己在什么处境、什么阶段、什么职位，应该把握哪些要点，这就叫作升道。升卦的六个爻，全部都有要上升的意思，否则就不叫升卦了。

我们先从初六爻看起，爻辞（图102-1）说：**允升，大吉**。

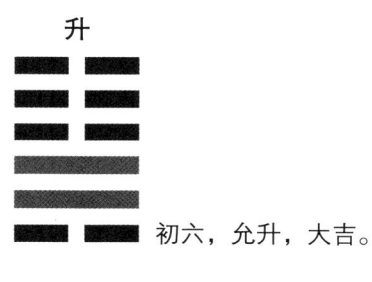

图102-1

"允"，是诚信的意思。初六承九二，如果没有初六，九二要上升，也不是那么容易的。这告诉我们，一个人在基层的时候，一定要跟顶头上司处好，才更加有机会得到提升。初六是基层员工，九二就是它的顶头上司，叫作基层主管。九二要抢功劳，初六不要不高兴，为什么？其实这是非常简单的道理。我们先来分析一下基层员工跟自己的顶头上司可能有的几种关系。

> 一个人在基层的时候，一定要跟顶头上司处好，才更加有机会得到提升。
> ——《易经》的智慧

第一种,基层员工把功劳表现给老板看,老板也赏识其能力,最后基层员工将顶头上司取而代之。有很多人是这样的,一直表现得比顶头上司好,老板也非常信任,哪一天老板把他的顶头上司换掉,他自己就上来了。但这种做法一生只能做一次,没有第二次,否则以后谁看到这个人都怕,谁还敢用呢?反而搞得没有前途了。所以,很多人说:我有能力就要表现,功劳是我的就是我的,谁也不要抢走。这是看不起上面的老板,以为老板很糊涂。其实老板一点不糊涂,谁在抢功劳,谁真正有贡献,如果他连这些都看不清楚,我们也不要追随这样的老板了。

第二种,基层员工很能干,表现很好,功劳不给别人,最后老板把他提升上来,跟顶头上司平起平坐。这样好不好?当然不好。因为他毕竟是自己的老上司,自己虽然跟他平起平坐,但最起码也要让他三分,要尊重他,那这样的平起平坐也是假的。所以这一招也不好,但是很多人希望这样。

第三种,真正会升迁的人,是把所有功劳都给顶头上司,没有一点保留,有能力也不让老板看到,这样自己的顶头上司就升官了。请问大家,如果你是九二,升了官以后,第一件要做的事是什么?当然把初六提拔上来,因为你是靠他才升官的。你的顶头上司升了官之后,很清楚自己根本没有那么能干,都是你把功劳让给他,他才得以升官的,所以二话不说,就会跟老板讲自己有一个小小的要求,就是把你提升上来,因为你们两个合作得很好。这样你就升上来了。

所以,"允升,大吉"的意思是说,要把自己的顶头上司捧上去,他升得越快,对自己越好,自然是大吉。

初六小象讲:**允升,大吉,上合志也**。"上",就是指九二。初六要跟九二志同道合,而且还要尽力去帮助它。打个比方,初六就相当于树木的根,根要吸收水分,供养树木的生长。树根埋在地下,默默无闻,谁也看不到它们有什么表现,但是地上面的树木长得很好。这样的初六是最了不起的。

第一百零二集　适时上升

虽然有基层员工初六爻的全力支持,但是作为基层干部的九二爻,如果想要成功晋升,还必须具备另外一个至关重要的因素。那么这个重要因素是什么呢?

九二爻辞(图102-2)说:孚乃利用禴,无咎。

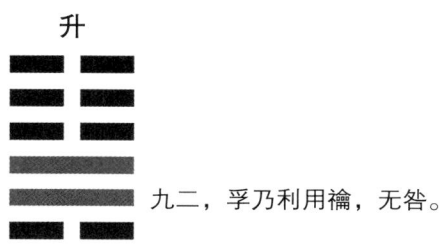

九二,孚乃利用禴,无咎。

图102-2

九二是不当位的。若是当位的话,就不需要这么努力争取上升了。正是因为对现状不满意,才想改善,才求上进。水往低处流,人往高处走。可是九二有一个好处,虽然不当位,却跟上面的六五一阴一阳相应。我们要知道,六五能够放开心胸,充分信任九二,并全力支持它,这是非常难得的。

九二稍有一点不诚信,第一个怀疑它的就是六五。六五会想:我对你这么宽容,你竟然不诚心诚意?第二个怀疑它的是初六。初六会想:我全力支持你,结果你搞自己的东西,完全没有按照公司的理念去走,那我跟着你将来岂不糟糕?所以,九二最需要的就是诚信。只要九二诚信,六五就会持续信任、支持,初六也会加倍协助,这样九二就非常稳固。

九二小象说:九二之孚,有喜也。"孚",是诚信的意思。九二为什么要诚信?其实很简单,就是要得到六五的赏识和信任而已。九二和六五是什么关系呢?一个是臣,一个是君,而这个臣是很重要的。九二是大臣,六四是近臣,虽然六四位置很高,但在六五心目中却不一定能超过九二。大家想想看,六五要做事情,是安排九二去做,还是安排六四去

做？如果从现在的体制来看，上卦代表中央，下卦才是地方，中央最需要的就是地方的诚信。因此，如果地方的诚信让中央真正觉得可靠，自然会放心地安排地方去做，当然大为可喜。

现在，像福建、广东这些离北京很远的省份，有很多满族人生活在那里，也许人们会觉得奇怪：怎么会这样？其实一想便知。当初清朝统治全国的时候，最担心的就是边远地区。因为那里的汉人有什么风吹草动，远在北京的皇帝很难知道，所以一定要把自己最亲信的皇族分一部分到那边去，目的就是时时监控，以便皇帝随时了解情况。这部分人就是九二，他们被皇帝委以重任，并让皇帝觉得边疆没有问题，那不是大为可喜吗？但是，九二一定要记住，要让六五不怀疑自己，并全力支持，下面的初六才会更加放心地提供协助。这样九二的整个升道才更坚强、更实在、更长远。

有了上层领导的大力支持和基层员工的全力配合，基层领导九二爻的晋升之路，可谓一帆风顺、前途光明。但是这个时候，升卦的九三爻却突然提醒我们，要提高警惕，甚至要开始怀疑。那么，当我们春风得意、快速上升的时候，究竟需要怀疑什么？警惕什么呢？

九三就不太一样了，其爻辞（图102-3）说：**升虚邑**。

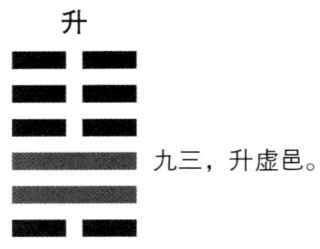

图102-3

初六大吉，九二无咎，而九三不讲吉也不讲凶，这是什么道理？《易经》每件事情都说得清清楚楚，这里不写吉不写凶，就是告诉我们结果不一定。

第一百零二集　适时上升

九三阳居阳位，既刚健又很有实力，而且它上面是三个阴爻，都是虚的。也就是说，只要九三上升，是没有阻碍的，如入无人之境。但是，《易经》提醒我们：祸福未可知也。升得太快，可能方向偏了，可能得意忘形，可能被别人掌握、利用，最后自毁前程，这都是有可能的。所以，爻辞只说"升虚邑"，下面就不讲了。但我们不能据此以为就只有这三个字，还要弄清楚其背后隐含的意思。

九三小象说：**升虚邑，无所疑也**。九三上升得很顺利，往往沾沾自喜，被大好的形势冲昏头脑，忘记了自己是谁，呈现出各种毛病。这个时候，一定要有所疑，就是要反问一下自己怎么会这么顺呢？这样反而会得到吉祥。如果觉得本来就应该这样，这是自己能力所及的，而且时机大好，便快步向前，如入无人之地。这时候，有两种情况千万要记住，任何事情都不例外。

第一种，敌人埋伏起来，如果我们没有发现，等我们深入之后，敌人再把我们包围起来，到时候想跑也跑不掉。这叫诱敌深入，在打仗的时候经常用。所以当一个人觉得太顺的时候，就要开始怀疑了，这样才能避免很多潜在的危害。

第二种，人家根本不拿我们当一回事，我们要进来就进来，要怎样就怎样。想想看，这样还有什么价值呢？当一个人做到没有人把自己当敌人的时候，就真的一无所有了。现在很多人没有注意到这点，同行不嫉妒，也没有人批评，反而觉得很高兴。殊不知，这个时候更要提高警觉。

升卦的下卦三爻提醒我们，当我们还是基层员工或者是基层小领导的时候，要时刻提高警惕，不能升得太快，否则会自毁前程，前功尽弃。但是，当我们进入到升卦的上卦，成为公司上层领导时，情况就发生了变化。那么，升卦的上卦三爻都主张哪些上升之道？而高层领导们面对晋升时，又该怎么做呢？

六四爻辞（图102-4）说：**王用亨于岐山，吉，无咎**。

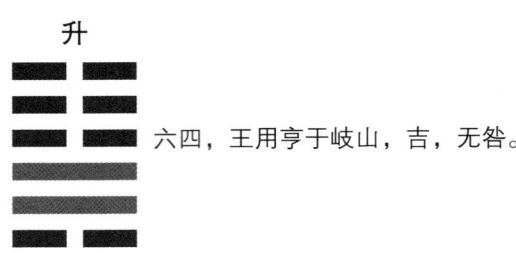

图102-4

六四不但吉,而且无咎,这很厉害。"王",指周文王,那时候叫西伯。他当时在岐山这个地方,居然可以去祭祀,要知道那时候当家的可是商纣王。在这种形式下,周西伯凭什么去祭祀呢?难道人家不会打小报告,不会栽赃,说他有叛变之心吗?可见周西伯在冒险,但这种冒险,他是很有把握的。因为他已经做到了几件事情。第一,尽量想办法顺着纣王,希望他改善,照顾天下百姓的生活,可是纣王没有做到。第二,周西伯底下的人,还有所有其他的诸侯都拥戴他,他完全是义不容辞。再说,如果在这种情况之下还不做的话,岂不是放弃了升的机会?我们已经讲过了,在形势一片大好的时候,不升是不行的,但是要很有实力,还要看准了时机,选用正当的方式。可见,当时周文王的所作所为,是非常难得的。

六四小象说:**王用亨于岐山,顺事也**。这就是我们常讲的顺其自然,而不是听其自然。

接着看六五,其爻辞(图102-5)说:**贞吉,升阶**。

图102-5

第一百零二集　适时上升

六五最怕的是信心不足。六五第一个怀疑的对象是九二：你是不是势力强大了，想把矛头掉过来对准我？第二个是六四，六五对六四就像商纣王对周西伯，非常不放心，而不放心的原因是九二不可靠。九二本应该归心于六五，却纷纷跑去追捧六四，这怎么能让六五不疑心呢？所以，当一个人表现得很好的时候，同事会统统到他这儿来。用现在的事例来说明，过年的时候，同事不到老板家里去拜年，反而到部门经理家里去拜年，那让这个部门经理怎么当？又让老板怎么想呢？但是最后，因纣王失道，周西伯慢慢形成一股势力，带领大家革命，把商纣王推翻。形势所逼，再加上他必须当仁不让，虽然冒最大的险，但是吉，无咎。

对六五而言，假定能够做到贞吉，就是既然大家希望这样，那自己就改正过来了，始终对九二维持高度信任，这样一来，所有的贤良都会来到自己这边，而不会跑到六四那边去。但是作为六五的商纣王根本没有做到，所以周文王"顺事也"。他只能顺应自然，当仁不让，再困难、再痛苦都要去做。"阶"，升进的阶梯，它是垫脚石。"升阶"，即革命成功了。"贞吉"，即知人善任，用人不疑。

六五小象说：**贞吉，升阶，大得志也**。因为知人善任，而且用人不疑，所以"大得志也"，帝王的志向可以顺利完成。之所以能够完成大志，是因为在六四的阶段吃尽苦头，该做的一定不推辞，然后才有办法顺理成章变成六五。但不要忘记，要贞吉，才会升阶。

每当来到最后一爻的时候，《易经》里的很多卦象都会提醒我们，物极必反，否极泰来，一定要适可而止。但是，升卦却并非如此。那么，升卦的最后一爻有哪些主张？又会产生怎样的结果呢？

升卦是要升到顶的，否则没到最后就不升了，还不如当初压根儿不干。所以，上六爻辞（图102-6）提醒我们：**冥升，利于不息之贞**。

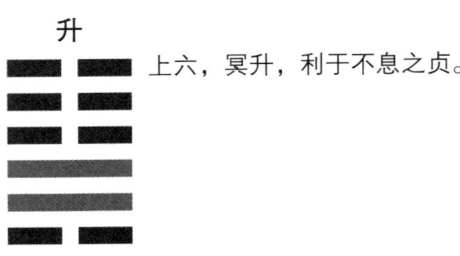

图102-6

"不息",即不停止,不停息,持续往上升。也许大家会问:难道不知道适可而止吗?这不是贪得无厌吗?最后不是害死自己吗?当然不是。因为上卦是坤卦,整个是虚的,人在精神境界当中,应该明白自己所要做的其实都在品德方面,而不是行为。所以,不停地修养德行才是冥升,有形的功业要适可而止,但是无形的德业须持续上升。现在很多赚到大钱、事业很有成就的人,要好好体会这一爻的意思。

 有形的功业要适可而止,但无形的德业须持续上升。
——《易经》的智慧

我们看到更多的是,现在很多人赚了很多钱,有很得力的助手,事业很成功,便挥霍无度,浑身名牌,打高尔夫球,出国旅游,小孩也被宠坏了。这样升的结果就变成困了。这个时候,应该看到上六爻给予的提醒:冥升,利于不息之贞。要不停息、持续努力的是什么呢?就是多读经典,提高修养,多照顾周遭的人,对社会多奉献一些爱心。这些事情都是不可能停息的,而且只有这样做,一个人的事业才会持续发展。

上六小象讲得很清楚:*冥升在上,消不富也*。"消",即下降;"富",即大业。"消不富也",即不断修养德行,用自己的德来使得大业持续发展,就不会突然间降下来。

想要升,就必须求上进;要求上进,难免逆行而上;逆行而上,越往上困难越多。所以,升卦的下一卦是困卦。接下来,我们就来讲:处困之道。

易经的智慧·第一百零三集

处困之道

人生前进的道路上，不可能总是一帆风顺；事物上升发展的过程中，总会遇到种种困境。这就是《易经》升卦之后，紧接着就是困卦的原因。那么，究竟什么是困？困卦中都包含着哪些义理？根据这些义理，我们又该如何找到脱困之道，从而在"山重水复疑无路"的时候，实现"柳暗花明又一村"的突破呢？

第一百零三集　处困之道

我们现在要来分析一下困卦。首先这个卦的名字为什么叫困，而不叫穷呢？因为穷多半是指物质上的贫乏，而困更偏重于精神方面的受困。"困"字当中是"木"，木在五行当中代表一种向四面八方发散的气，现在却没有一个方向可以通气，因为四面八方都是封闭的。气不通，就会有痛的感觉，痛的感觉就是很困惑怎么会这样。所以这个卦叫作困卦。

《序卦传》说得很清楚：升而不已，必困。当一家公司发展得一直很好的时候，一定会碰到困境。道理其实很简单，销路越好，资金周转越困难，困；产品越好，同行在后面穷追不舍，总有一天要把自己打倒，困；新出版的书还没有卖多少，盗版的已经出来了，困；尤其是电影，只要有市场，盗版更是猖獗。这些都是困。但是不困，别人怎么知道我们是好人？怎么知道我们的东西是好的？所以在升卦之后，一定要有一个困的遭遇，因此升卦之后，就是困卦。

在《易经》里面，困卦是被孔子选为跟品德修养有关的九个卦中的一个。孔子特别说明：困，德之辨也。一个人处于困境之中，马上就能分辨出他的品德修养怎么样。

我们先看卦辞（图103-1）：亨，贞，大人吉，无咎，有言不信。

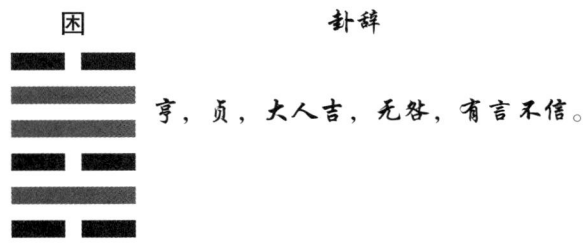

图103-1

"困",怎么会"亨"呢?在困境中处之泰然,自然就亨了。"贞",即问心无愧。坦然面对困境,怎么能不吉祥呢?如果一碰到困境,就愁眉苦脸,怨天尤人,进而自暴自弃,那当然不是大人了。"大人吉",另外一层意思,如果是小人的话,一定凶。而对大人而言,不但吉,而且还无咎,即没有后遗症,可这是有条件的。"有言不信",是什么意思?言跟信之差就一个"人"字,说的是当一个人处在困境的时候,没有人相信他讲的话。这个时候只有用德行来表现,人家自然能体会到这个人到底是大人,还是小人。

君子临难,能够坦然面对;小人遭困,却只会怨天尤人。正所谓君子坦荡荡,小人长戚戚。困境中,方能显露出一个人的真实本性。那么,当君子遭遇困境的时候,除了要把心态调整好,还需要付诸怎样的行动呢?

象辞讲得更加清楚:**困,刚掩也。险以说,困而不失其所,亨,其唯君子乎!贞,大人吉,以刚中也。有言不信,尚口乃穷也。**

"困,刚掩也",困就是阳刚被掩蔽了。困卦里面三个阳爻,统统被阴爻所掩蔽着(图103-2)。有人说,君子怎么那么倒霉,老被小人困住?其实我们应该这样想,如果没有被小人困住,别人怎么知道他们是君子呢?想想看,历史上多少忠贤,多少好人,都是发起于困境中的。所以,我们必须能屈,才能够谈得上伸,这叫作能屈能伸。可见困,是有解脱的办法的,但要透过正道来变通,不可以不择手段。否则就是小人了,小人到最后一定是凶的。

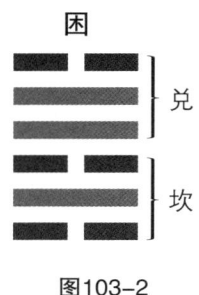

图103-2

第一百零三集　处困之道

什么叫"险以说"？"说"，通悦。困卦下卦是坎卦（图103-2），坎就是险；上卦是兑卦（图103-2），兑就是悦。君子经历险境以后，自然会看到光明，自然有出路，但是这里面有个过程，需要自己想办法去因应。小人就不同了。孔子说：小人穷斯滥矣。小人很少懂得什么叫困，他们只知道穷，因为小人只想到物质层面，而没有想到精神层面。因此，小人一到穷、困的时候，就不择手段，到最后怎么可能喜悦呢？

可见，困卦告诉我们，当碰到危险、遭遇困境的时候，要看得远一点，这样自然能看到光明面，然后就能充满喜悦。当人充满喜悦的时候，就不会昏了头，反而容易找到出路。脱困只能靠一样东西，就是"困而不失其所"。我们所应该做的事情，就是虽然处于困境，但是不能够失掉泰然之心。尽管这很难做到，可只有这样，才会亨通。所以，"亨"字写在"困而不失其所"后面。

小人会再三讲自己要做一件事，可是一碰到困难，就躲起来，甚至跑掉了，这就是失其所。一困就失其所，小人；处困而不失其所，君子，所以孔子才讲"困，德之辨也"。"辨"，即分辨的意思。一个人处于困境中，要看他怎么因应，而不是听他说什么。其实孔子读了困卦以后，是很清楚这个道理的，所以每次遭遇困境，最后都能通达。因此，象辞才会写"其唯君子乎"，即能够做到这么难的事情，那这个人真是一个值得尊敬的君子。

"贞，大人吉"，明明是困卦，反而会吉顺，为什么？"以刚中也"，九五阳居阳位，位于上卦中位，既当位又居中，所以叫作刚中。既然这样，自然有化解的方法，不必为其担心。九二也是如此。既然九二跟九五都是阳刚居中，就表示光明的力量不会向小人屈服。

"有言不信，尚口乃穷也"，崇尚言辞，却不能让别人所信服，这不是困，而叫穷。当一个人讲了半天，却没有人听的时候，会不会觉得言辞是没有用的？我们现在动不动就说要多沟通，我觉得很奇怪：沟通什么？要先通，才能沟。所以，该我们说话的时候，一句不可少；不该说的时候，一句不可多。

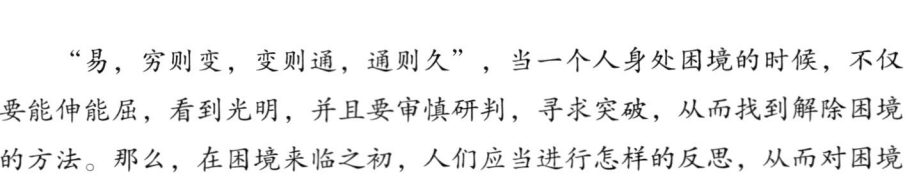

该我们说话的时候，一句不可少；不该说的时候，一句不可多。

——《易经》的智慧

"易，穷则变，变则通，通则久"，当一个人身处困境的时候，不仅要能伸能屈，看到光明，并且要审慎研判，寻求突破，从而找到解除困境的方法。那么，在困境来临之初，人们应当进行怎样的反思，从而对困境有一个理性的认识呢？

困卦大象传说：泽无水，困。君子以致命遂志。

"泽无水"是什么意思？泽之可贵，就在于它里面有水。若是长期不下雨，补充来不及，或者用水的人毫无节制，都会导致泽的水位下降。这时候，如果大家还不理睬，最后泽里面就没有水，而变成一块一块裂土了。难道真的没有水吗？不是，而是水渗到地底下去了。

君子看到这种状况，就会想到自己受委屈不得志的时候，就像"泽无水"一样。这个时候小人和君子就能很好地被分辨清楚。小人的做法是放弃这个泽，去找另外一个泽。现在人多半是这种态度，比如在不可再生资源的使用上，石油、煤都快用光了，还不知道节省，说什么好不容易买了车，不用汽油，怎么开呢？所以，全人类都穷于奔命，想寻找新能源，找到后再把新能源耗尽。这种态度，就是小人了。小人不会爱惜资源，反正水用完了，还有别的；汽油用完了，也还有别的。这样下去，人类必然缺乏资源，而且很快就会遭遇到这种困境。

君子会怎么做呢？大象传只给我们四个字而已：致命遂志。"致"，舍弃的意思。"致命"，就是舍生取义。为了"遂志"，即完成自己的志愿，命都可以不要。当然，若是一个人的志愿很小，受困的程度也不会那么大。孔子如果只想当一个小官来养家糊口，根本就没有困。孔子的时代，周朝已经徒有虚名，所有的诸侯一个比一个霸道。孔子看不下去，认为自己不管替哪个诸侯国做事，都对不起天下人，因此他胸怀的大志就是

第一百零三集　处困之道

要把周室恢复起来，使天下有秩序。这个志向很大，所以他才不断遭遇困境。幸亏孔子有"虽千万人吾往矣"的坚持，才能够一路走下去。因为孔子所做的事情，不是一般人能做到的，所以卦辞里面特别提出两个字，叫作"大人"。如果孔子不是大人，老实讲他遭遇的那些困境都是徒劳的。既然是大人，不遭受这么多困境，后人怎么知道他这么了不起呢？因此，我们就很清楚了，困对小人来讲是坏事，对大人来讲其实是好事。

所以，看完困卦以后，我们就知道，当遭遇到困的时候，如果一直提心吊胆，认为会一直辛苦艰难下去，那就是不了解困卦的道理，或者自身的品德修养欠缺。要知道困只是暂时性的，我们很快会有脱困之道。

通过研究困卦的大象可以知道，人有时受困，其实与自身的志愿有着很大的关系。司马迁曰："文王拘而演《周易》，仲尼厄而作《春秋》，屈原放逐乃赋《离骚》，左丘失明厥有《国语》……"大凡卓越之人，都能在困境中坚守志愿，坚强奋起，从而实现人生质的飞跃。那么，对于普通人来说，当遭遇困境时，又要坚持怎样的原则呢？

所谓脱困之道，其实讲起来很简单，就是八个字：当行则行，当止则止。行得通就行，行不通就停止。"止"不是放弃，只是休息一下，而休息一下是为了走更远的路。这八个字，孔子只用四个字就讲完了：君子固穷。"固穷"的意思是，君子要承认自己所做的事情一定会有很多阻碍，但是不能遇到困难就改变初衷，要坚持、奋斗下去，因为终究是会脱困的。困卦三个阴爻，困住三个阳爻，就在提醒我们，世世代代小人都想千方百计围困君子。这是小人的任务，没有什么好怪罪的。

 脱困之道，就是八个字：当行则行，当止则止。
——《易经》的智慧

老实讲，小人也不是一出生就愿意当小人的，而是大人看不起他们，把他们围堵在外面。由此可见，这也是大人自己在困自己，"凡困人者必自困"。所以困卦的意思是说，要大家一起脱困，才是真正的脱困。如果君子只顾自己，而不顾小人，那永远不能脱困，因为小人始终会找君子的麻烦。

举个不太恰当的例子，乞丐会去找另外一个乞丐要钱吗？他们一定是找那些看起来有钱的人，所以若是一个人穿得越整齐，他们越是围到他的旁边，越是不放过他，这是必然的。那怎么办？有人说干脆也穿得破破烂烂的，这是一种方法；另一种方法干脆去做乞丐，要不然老被乞丐要钱。但是相信大多数人不愿意这么做。所以，我们还是要面对这个事实。

小人千方百计去围困君子，君子一定要坚持正道，这也是困卦要告诉我们的道理。孔子教我们远小人，远小人就是要提高警觉性，而不是打压、厌弃他们，不是想办法把他们置于死地，这也是不可能做到的事情。所以，远小人就是要把小人当作一个警戒，知道他们是来考验君子的。君子要经得起他们的考验，然后会慢慢感觉到原来小人的招数也不过如此，这样就会很喜悦。

任何事物都是一把双刃剑，人生中的吉凶祸福，都应该一分为二地去看待。当人们遭遇困境的时候，不要只把它看成是阻碍、困扰，而是要把它看成一次考验自己、磨炼意志的机会。遭遇困境，就要坦然面对，反求诸己，并寻求改善。那么，根据困卦的道理，具体需要怎么去做呢？

困卦卦辞讲得很清楚：亨，贞，大人吉，无咎，有言不信。遭遇困境，首先要想到这是亨通的前奏，然后坦然面对，泰然处之。"贞"，即坚持正道。"大人吉"，即要经得起这些考验，才知道自己原来是大人，进而无咎。"无咎"另一层意思是说，万一做错了什么，去补过就好了。"有言不信"，即自己不必多说，别人看得一清二楚。所以，虽然卦辞字很少，但含义很深刻，这才是读《易经》一定要小心谨慎的地方。大象传

第一百零三集　处困之道

也是三个字：泽无水。那我们就要考虑到泽有水的时候，该怎样做。一个聪明的人，看到水很多的时候就知道要节制了，否则最后一定很快用光。

我相信大家都有这样的经验，当你有钱的时候，衣服穿不完，鞋子穿不破，东西吃不了。但是一旦没有钱的时候，衣服很容易就破了，鞋子也不能穿了，东西更是不够用。事实就是如此，"屋漏偏逢连夜雨"，"祸不单行，福无双至"。但是我们要经得起考验，坦然面对，就是大人。如果整天愁眉苦脸，唉声叹气，就是小人。

人的一生当中，很多事情是难以预料的。比如跨栏，前面有很多栏架，我们要一个一个去跨越，也许我们一路领先，可在跨越最后一个时摔了一跤，后面的人得了冠军，我们叫苦连天，说这次跨得不好，下次再来就是。可下次的时候，腿受伤了，不得不退赛。所以，很多事情是始料不及的，唯一的办法是"困而不失其所"，这也是整个困卦告诉我们的道理。

"有言不信"，也是我们日常生活经常要用到的。我们今天常教小孩要道歉，其实道歉并不是那么好使的。如果你把人家撞了一下，只是去道歉，人家会觉得你是有诚意的吗？现在很多年轻人，背着背包撞到人，他的理由还很正当，说什么背后没有眼睛，这不是更加让人生气吗？所以我们要这样教小孩子，告诉他们背后是没有眼睛的，背着背包，后面经常撞到人，最好的办法是当人多的时候，把包拿下来抱在前面，否则就算道歉也没有人会接受。这才是《易经》的道理。

所以，当我们读到处困之道的时候就很清楚，唯一的一条路就是坚持正理。接下来，我们要从六个爻入手，分析一下处于困境的时候，如何坚持正理。

易经的智慧・第一百零四集 坚持正理

《易经》困卦告诉我们，当遭遇困境时，一方面要调整好心态，坦然面对现实；另一方面要寻找时机，主动采取有效的行动。只有这样才能摆脱困境，实现事业的发展和人生的飞跃。然而在脱困的过程中，身处各种困境中的人们，还需要坚持一定的原则，注意一些细节。那么，根据困卦的六个爻，我们应该怎样做，才能摆脱各种不同的困境呢？

第一百零四集　坚持正理

我们观察困卦六个爻，很容易发现，三个阳爻都是被困的对象，因为阳爻是君子；三个阴爻专门去困别人，很显然是小人。但是小人会变成君子，君子也会变成小人，这才是《易经》可爱的地方。

先看初六，爻辞（图104-1）说：**臀困于株木，入于幽谷，三岁不觌。**

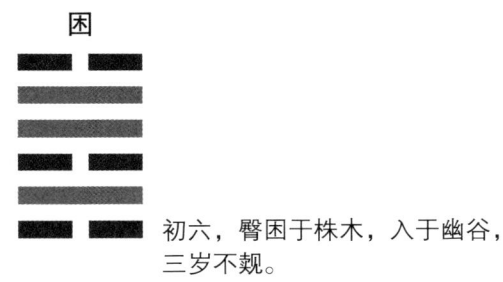

初六，臀困于株木，入于幽谷，三岁不觌。

图104-1

初六，阴居阳位，是不当位的。初六就是那种生不逢时的人，有品德，有才干，可是偏偏生逢乱世，因此干脆退隐山林当隐士，这也是个办法。

"臀"，即臀部。"臀困于株木"，树木被砍掉了，只留下根部，找不到地方坐，只好坐在树根上面，这表示困。"入于幽谷"，既然生不逢时，还在外面苦苦奔波干什么呢？干脆隐居起来，反正要求人知道是不可能的，也根本没有人会理会。"三岁"，并不代表三年，《易经》里面的"三"是"多"的意思。"三岁不觌"，是说久久不露面，免得危难。

魏晋时期，其实司马懿是准备做初六的，天下那么乱，去了一个董卓，来了一个曹操，所以他想躲起来，避免危险。可是偏偏碰到九二，即曹操。曹操叫他出来，说：你这么有才干，怎么可以不做事？如果不做事，我就要杀你。司马懿不得已，只好出来替曹操做事。

初六是柔的，上面九二是刚的，正所谓阳乘阴，刚乘柔。这个时候，柔是相当委屈的。我们可以把初六想象为隐士之困，意思是说自己觉悟到生不逢时，出去也没用，干脆当隐士。可有时候也不能如愿，因为九二在那里，它看到初六之后，会千方百计让初六出来。

初六小象讲得很清楚：入于幽谷，幽不明也。"幽"，表面上是不明朗，在这里真正的意思是隐藏，躲起来。"不明"，即外界人找不到。这叫不名无人知，彻彻底底当个隐士。

作为一个有才干的人，如果生不逢时，与其在乱世中饱受危难，不如把自己隐藏起来，明哲保身。可是现实也并不会尽遂人愿，只要还有被利用的价值，总会受到困卦九二爻所代表的那类人的围困。其实九二爻代表的那类人，也同样会遭到困扰。那么他们又该如何摆脱困境呢？

九二爻辞（图104-2）说：困于酒食，朱绂方来，利用亨祀。征凶，无咎。

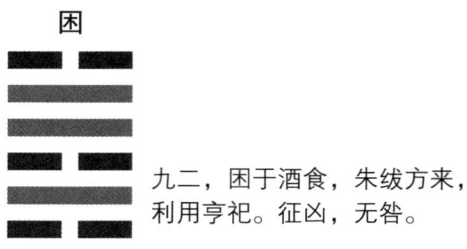

图104-2

九二是被困的，被什么困呢？酒食。谁给的酒食？初六。如果初六当隐士，那就没事了，偏偏它又当不成。当不成就想"三岁不觌"，结果却

第一百零四集 坚持正理

又被拉了出来，或者是初六自己待不住，也想出来。这样，初六唯一的办法就是去讨好九二，让其"困于酒食"。曹操就是这样的，他有好的吃，有酒喝，便慢慢忘记自己是谁了。他可以做一个良好的智臣，也有能力做一个乱臣，这本是可以选择的，但因为"困于酒食"，不能自拔，就把自己搞到奸臣的路上去了。

"朱绂"，王者之服，是天子的象征；"方来"，来引导。九二是大臣，跟九五是相对应的。九五被困，九二也被困，但是九二要脱困，得靠九五来引领。"来"，即从上面往下，然后九二往上面去，彼此配合。照理说，像九二这样的身份，不能过分主动，一定要等到九五找来的时候，才可以做事情。否则的话，九二这么能干，这么想做事情，又做了这么多事情，九五是不安心的。所以，对九二来说，一方面要等上面的指令，另一方面要通过祭祀来表明态度，一切为公不为私。

当年长坂坡之战，刘备兵败，赵云被困，曹操下令不许放箭，要活捉赵云的时候，他持什么心态呢？他想到的是汉献帝，还是他自己呢？曹操没有想到汉献帝，只是想自己得到一个人才，捉住赵云为自己而用罢了。于是曹操手下的人就按照指示喊不准放箭，反而给了赵云一条生路。各位想想看，就算赵云再英勇，乱箭也一定会把他射死，正是这一句"不许放箭"的话救了赵云，使得他慢慢脱困了。

九二这样做，有什么后果呢？"征凶"。意思是说，如果九二不安分，不按照正道走，认为自己好像不必替天子着想，可以任意发号施令、为所欲为，那一定凶。这里的"无咎"，跟一般卦所讲的无咎还不太一样。"无咎"，在这个卦里面不可以解释为没有后遗症，怎么可能没有后遗症呢？以后很多曹营的将军，一听到赵云就怕，这是很典型的例子。所以，这里的无咎指的是无可归咎，意思是怪不了别人，只能怪自己没有按照正道去走。

九二小象说：**困于酒食，中有庆也**。如果一个人知道自己会被小人所包围，会困于酒食，而又知道怪不了别人，只能怪自己，这样就会走上正道。所以，九二也是困，为小人所困，为自己的处境所困。九二是大臣，很有能力，但是一动所有人都怀疑，那怎么办？走正道，少说话，用行动来表现。只要能让别人感觉到自己做得很合理，大家都很满意，自然喜庆无穷。

处于中层位置的人，应该安守自己的本分，尽管有时会遭到小人的围困，但只要走正道，必将会得到皆大欢喜的结果。然而六三爻所代表的一种人，他的处境却没有九二爻那么乐观，那么这种人的处境又如何呢？

接下来看六三爻，爻辞（图104-3）说：困于石，据于蒺藜，入于其宫，不见其妻，凶。

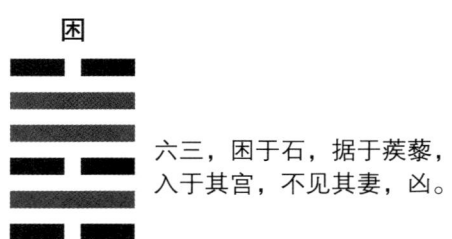

图104-3

六三，位于下坎的上爻。大家一看就知道，六三是才德不足以脱困。所以在整个卦里面，最倒霉、最困厄的就是六三。

"石"，指的是九四与九五，它们像石头一样坚硬不堪。"困于石"，六三作为一个阴爻，怎么能够冲破九四、九五两个阳爻的阻挡呢？"蒺藜"，带刺的植物，此处指九二。六三的处境非常不好，上面两爻像坚石一样阻挡着它，进不得；下面九二像针刺一样顶着它，退不得。还有更严重的：入于其宫，不见其妻。外面这么乱，想躲回家，可回家一看，太太不见了。其实，一个男人回家发现太太不见了，那是很痛苦的，但是现在人都习以为常。真不知道人类到底是越走越对，还是越走越错，我们需要自己反省一下。

六三爻就是当年的项羽，前面有乌江挡住，后面有追兵逼近，入宫虞姬不见了,当然是凶。在外受困,回家也受困,天地之大,竟然无所容身,这是最为困厄的。

六三小象讲得很清楚:**据于蒺藜,乘刚也。入于其宫,不见其妻,不祥也。**六三是柔的,九二是阳刚的。六三居然以柔乘刚,当然倒霉了。"入于其宫,不见其妻",回家了,妻子也不见了,当然不吉祥。

困卦下卦为坎险,两个阴爻一个阳爻,即小人多君子少,但是上卦刚好相反,两个阳爻一个阴爻,表示光明在望。

由于困卦的下卦为坎象,意味着诸多险阻,因此下卦三爻所代表的不同阶层的人,都会遭遇到各种不同的困境。那么,困卦的上卦为兑,代表着喜悦,这是不是就意味着从九四爻开始,困阻的局面会有所改善呢?

九四爻辞(图104-4)说:**来徐徐,困于金车。吝,有终。**

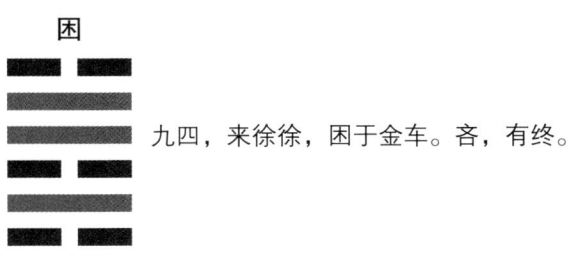

图104-4

九四,阳居阴位,是不当位的。可是大家慢慢会发现,在困的情况之下,不当位反而是好的。因为九四毕竟是阳刚的,有志气,虽然没有多大力量,可还是能够脱困。爻辞最后讲"有终",是说九四毕竟还有一个初六跟它相对应。初六虽然刚开始会有意于九二,跟九二纠纠缠缠,因为身在困境当中,这也是难免的。可最后初六想到还是九四可靠,虽然动作慢了一点。大家都知道,赵云始终没有背叛刘备的意思,否则那时候曹操那么喜欢他,他干脆把阿斗一丢,归顺曹操好了。但这绝不是脱困的方法,而只会遗臭万年。

"徐徐",是慢慢的意思。九四不敢快,因为上面还有九五,于是它就缓慢而来。为什么?因为九四发现,虽然初六跟它对应,可是"困于金车"。金车,很坚硬的车子,指九二。九二把初六挡在那里,九四跑得快也没有用,可是它的内心还是觉得很羞愧。比如刘备看到赵云会高兴吗?会说"你这次脱困了,要感谢曹操"之类的话吗?刘备会觉得羞愧,自己本该救赵云,而没有能力救。所以他才会把阿斗丢掉,说"为了这个小孩子,差一点害死一员大将"。其实我们读历史故事,用《易经》做背景,会看得更加清楚。"有终",九四最后终于获得初六的谅解,然后彼此相配合。意思是告诉我们,君子要脱困,不能只顾自己,也要帮助小人,化解他们心中的疑虑,给他们希望,一起来脱困。

九四小象说:**来徐徐,志在下也。虽不当位,有与也。**九四志不在九五,虽然不当位,但有下面的初六跟它相应,反而比较容易脱困。

当事业遭遇困阻的时候,作为领导,不能只顾自己的处境,还应该多为下属考虑,这样才能上下一心,众志成城,攻克难关。与此同时,作为领导,与下属处好关系,让下属心悦诚服,还需要坚持困卦九五爻所反映的一个重要原则。那么,这个原则是什么呢?

九五是很重要的,其爻辞(图104-5)是:**劓刖,困于赤绂,乃徐有说,利用祭祀。**

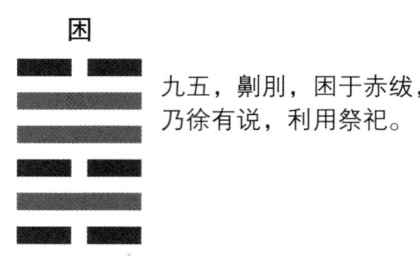

九五,劓刖,困于赤绂,乃徐有说,利用祭祀。

图104-5

第一百零四集　坚持正理

"劓刖",古代的刑罚。"劓",割掉鼻子;"刖",砍掉脚。这告诉我们,不仅下面受困,上面也受困。上六是阴爻,初六也是阴爻,头尾都是柔困刚。"困于赤绂",九五虽然是王,可在上下都是困境的状况中,仅靠现在的位置,想要脱困,几乎是不可能的。应该怎么做呢?得到九二真心的帮助。然后"乃徐有说",即慢慢地脱离困境。

为什么要"利用祭祀"呢?因为凡是祭祀都代表诚恳。九五虽然位尊权大,可是身处困境也无能为力,只好靠九二。至于九二会不会施以援手,那就要看九五自己有没有诚意了。大家可以看到,九二爻辞里有"利用亨祀",九五爻辞里有"利用祭祀",其用意就在于九二跟九五要彼此诚心诚意,不要存心不良,虚与尾蛇,更不能离心离德,这样才有办法脱困。

九五小象说:*劓刖,志未得也。乃徐有说,以中直也。利用祭祀,受福也*。"劓刖,志未得也"是说,虽然有那么大的志气,但是往上很难,往下也难,处处行不通,很难达到目的。"乃徐有说"是说,九五跟九二是不相应的,两个爻都是阳刚的,个性都很强。怎么办?九五要慢慢让九二了解自己的诚意,而不是用威势告诉它要怎么样。让九二内心感悟到,虽然处境艰难,但是九五会给自己一条出路。所以,九二虽然"困于酒食",但是坚信一定能等到"朱绂方来",即九五来告诉自己怎么做,然后九二全力配合,这才叫心悦诚服。

"以中直也",九五不要忘记九二处于下卦的中位,而且九五自己也是一个很正直的人,所以不可以偏激,不能自以为是,否则就走歪路,得不到九二的配合,这样的话九五也只不过空有理想,空有权位,最后一无所成。之所以要"利用祭祀",是因为九五跟九二,通过一起祭祀,诚心诚意相对待,实现共同的目标,而"受福也",即彼此得福。所以,困是一个过程,而且是一个很宝贵的经验。

领导与下属彼此诚恳,相互信任,同心同德,才有助于脱离困境,实现共同目标。那么,当人们到达即将脱困的最后关头时,又需要注意些什么,才不至于最终功亏一篑呢?

上六,处于困卦的最上面,其爻辞(图104-6)是:**困于葛藟,于臲卼,曰动悔有悔,征吉**。

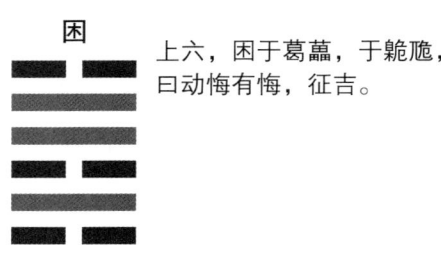

图104-6

"葛藟",蔓藤植物。提到蒺藜,大家会想到它有刺,其实有刺反而不可怕,因为它一旦扎到你,你立刻会变得很小心。但是葛藟就很麻烦了,因为它会像蜘蛛丝一样缠住你,剥也剥不掉。"困于葛藟",表示困境更加艰险。

"于臲卼",即整个环境动荡不安,很难把握。"曰动悔有悔",一动就会招来悔恨。这个时候上六要想到自己的处境。上六在九五的上面,以柔乘刚,以阴乘阳,位置是不好的。如果只有一个九五,或许日子还好过一点,可下面还有一个九四。九五与九四,力量远远比九二要大。因此,上六一定要很小心,才有办法在最后时刻,安全脱离困境,否则只能功亏一篑。

上六小象说:**困于葛藟,未当也。动悔有悔,吉行也**。"困于葛藟",原因是"未当也"。阴在阳上,本身就有问题。"动悔有悔,吉行也",是说这个时候如果不走,就更加动荡不安了。爻辞之所以最后加上"征吉"二字,就是提醒上六要往前走,不用怕,也不能怕,已经经过了那么多阶段,到了脱困的最后。行百里者半九十,就是这最后五分钟,决定成败,所以要勇敢往前走,才有机会脱离困境,这就叫作"吉行也",即用行动来脱困会带来吉祥。

把困卦颠倒过来,就是它的综卦——井卦。井卦是说,困的时候,要

第一百零四集　坚持正理

变，但是脱困之后还一直变，就无法安稳下来。所以一定要由井来把它固定下来。井的意思是虽不变但还是会通。孔子说：井，德之地也。要培养品德，要实行道德的教化，就要找一个固定的场所：井。接下来，我们就来分析一下如何才能够不变而通。

易经的智慧·第一百零五集 不变而通

当我们通过变动，努力从困卦中突破出来，到达井卦的时候，井卦却告诉我们：不变而通。为什么井卦无须变动，就能获得亨通？而井卦中的不变，究竟指的是哪些方面无须变动？在这个日新月异、不断发展变化的现代社会中，井卦中坚守的这份不变和我们的日常生活，又有着怎样密切的联系呢？

第一百零五集　不变而通

井卦跟困卦互为综卦（图105-1）。当我们在困境中的时候，一定有一个"井"摆在前面，这样我们才会有动力永恒地来面对各种挫折，因为井给我们的启发就是井然有序，条条有理，四面通达。我们首先看看"井"字的结构，它将一个地方分成九个格子。九，是长长久久的意思。长长久久都能够井然有序，当然是最理想的状况。然而事实上做不到，有井就有困。所以，井卦告诉我们不要认为有井就表示自己脱困了，而是说既然现在井井有条理，那就要预防未来可能的困。换句话说，井的时候要想到困，困的时候要想到井，这也是互为综卦的一个效果。

图105-1

对井而言，重要的不是水。想想看，河水也是水，我们为什么不用河而用井呢？因为河水是流徙不定的，而井是很固定、很安全的。井最要紧的是当中那个"口"，以前用"丼"表示，井字当中的口还要加上一点，写作"丼"，意思是说如果井里面有水，人却汲不起来，那就等于没有用。所以井的最主要功能，是要把水汲起来，供大家所饮用。同时，它是无私奉献的，不要求任何回报。

孔子说：井，德之地也。通过看某一个地方的井，就能清清楚楚地发

现整个村子的人的品德修养怎么样。有的人到井这里来汲水,大瓶小瓶一起装,恨不得把井水通通运到自己家里去,甚至半路还拿去卖。有的人在井旁边洗衣服,所有脏东西都流到井里面去。更糟糕的是大家在井旁边,张家长李家短,闲言碎语讲一大堆。所以,我们不要小看这一口井,它能引发很多很多的含义,在《易经》六十四卦里面,很少有这么丰富的。

"井"之所以能跟"德"联系在一起,是因为人的修身就像是井养之道:四周的石条就是做人的道德标准,只有把自己匡正在道德范围之中,才有可能实现长久的井然有序。那么,井卦对人们修身的道德标准有什么要求规范?又蕴含着哪些井养之道呢?

《序卦传》说:**困乎上者必反下,故受之以井**。凡是在上面遭遇到困厄的,一定会向下去寻求出路。其实这里的上是外,下是内。凡是在外面遭遇到困难的时候,我们一定会往自己的家里面,或者自己的团体里面,去寻求一个脱困的方法。人能动来动去,而井是固定不动的,不管人来人往,还是改朝换代,它都不会跟着动。中国人常常讲要以不变应万变,其实跟"井"有很大关系。

井卦卦辞(图105-2)说:**改邑不改井,无丧无得,往来井井。汔至,亦未繘井,羸其瓶,凶**。

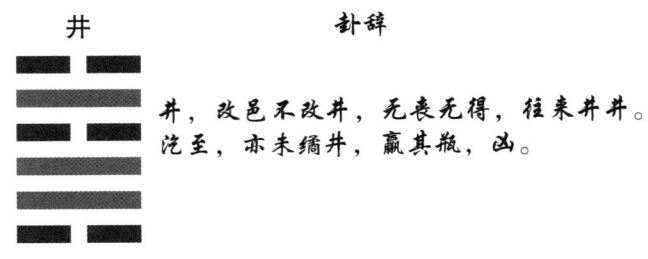

图105-2

"邑",地名,即我们居住的地方。一个人所在的村庄叫某个名字,过几十年,或者几百年以后,村里人觉得这个名字不好,要改一个,或者整村

第一百零五集　不变而通

人都搬出去了，另外的人搬进来，这些怎么变都可以。但是井始终就是那一口，除非它被用坏了，水源断了，变成废井，那又另当别论。只要这口井可以源源不断供应水的话，它始终是屹立不动的，这就叫"改邑不改井"。

"无丧无得"，对井水来说，人多用了，它也不减少，少用了，它也不增加，始终维持那样一个水位，因为泉水自己会去调节。用今天科学的解释来说，就是水压是维持一定的。白天大家用多了，第二天又好像很充裕了。"往来井井"，即人来人往，但是井始终就是井，根本不动。这就叫以不变来应万变。

井卦提醒我们，井时刻屹立不动，以不变应万变。但是，随着科技的发展，生活方式的变换，连"井"自身都发生了变化。那么，远古的井养之道，是不是也应该与时俱进，做出相应的调整呢？

井卦象辞说：巽乎水而上水，井；井养而不穷也。改邑不改井，乃以刚中也。汔至，亦未繘井，未有功也。羸其瓶，是以凶也。

井卦下卦是巽卦（图105-3），巽就是进了水，然后又出水，井的功劳也是这样。各位想想看，我们会不会到自来水厂去接个水管，然后弄到井里面去，那有什么意思呢？可是谁又能说我们不是这样做的呢？只是换了种方式而已。我们把自来水厂的水，抽到每栋大楼的屋顶上，供每一个人使用，这也可以叫水井。只是这个井已经从地下来到地上，慢慢又到屋顶上去了。这是时代的变迁，但是井的功能始终维持着，这也是我们所讲的与时俱进。

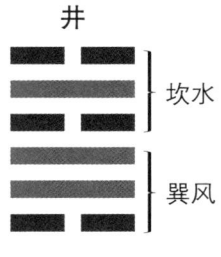

图105-3

现在我们已经知道了,井的功能就是有进水有出水。如果光进不出,可能把整个井都爆掉了,或者泛滥了,把附近的村子都淹了;如果光出不进,那么可能就是枯竭了。这都不叫作"巽乎水而上水"。

井是什么?"井养而不穷也"。水能够由下往上,而且源源不断供养大家,不至于穷困。"改邑不改井",意思是告诉我们,人心是会变的,一会儿觉得这个故乡很可爱,一会儿就要背井离乡,然后到老了再落叶归根。这都是人的事,跟井无关。井,守持着井道,始终不变,对人忠诚,源源不断地用清水供养大家。要做到这样是很不简单的。"乃以刚中也",刚中即九二跟九五,这两爻都是阳刚,都很坚强,都使水流保持稳定。虽然它们彼此不相应,但是却自认为相应。该你做的你去做,该我做的我去做,密切配合,彼此信任,互不干扰,反而产生很好的效果。

"汔至,亦未繘井","汔",即汲水所用的桶。"汔至",是说几乎要把水提到井口。"繘井",是出井的意思。"亦未繘井",即还没有出井。这句话的意思是说汲水的桶已经到达了井口,但还没有移出来到达井的旁边,所以"未有功也"。这告诉我们,一件事情做了百分之九十九,只要最后那百分之一没有做好,也是前功尽弃、徒劳无功的。

> 一件事情做了百分之九十九,只要最后那百分之一没有做好,也是前功尽弃、徒劳无功的。
> ——《易经》的智慧

"羸其瓶,是以凶也",不管出于什么原因,只要让木桶或者是任何材质的桶,丧失掉了汲水的功能,那么井也就失去了功能,而人也无法得到水。

现代社会虽然出现了很多其他形态的井,但是井进水出水,源源不断供养人类的本质没有改变,就像是人们修身的道德标准不能变一样。那么,在飞速变化、充满万千诱惑的现实生活中,怎样才能成功地完成自身

第一百零五集　不变而通

修养，避免我们的努力功亏一篑、毁于一旦呢？

井卦大象传说：**木上有水，井。君子以劳民劝相。**

为什么说木上有水呢？井卦上卦是坎卦，为水，下卦是巽卦，为风。想想看，水底下有风，我们根本看不到，所以巽在这里象征木。想要汲水，如果只把木桶降到水底下去是没有用的，要用木桶把水弄上来才行。木桶里面有水，才是井的功劳。这是一种解释。另外一种解释是，我们在井的上面加个木头架子，上面装个辘轳，然后用绳子把水桶慢慢放下去，再拉上来。只要水桶把水汲起来，又能很安全地倒入可以用的容器里面，这样井的功效就完成了。

君子看到这种情景，就想到了自己应该怎么做，即四个字：劳民劝相。劳民不是让老百姓去劳动，而是说既然是君子，比一般人得到更多的东西，就不能骄傲，必须为人民操劳，还之于大家。谁叫君子能干，谁叫君子聪明，谁叫君子把事情看得很清楚呢？这样他们就有义务来替百姓着想，为百姓操劳。"劝相"，即劝人民互相帮忙。因为这口井要靠大家共同来维护，若是有的人想搬家了，偷偷把脏东西丢在水井里面，那不是害死人吗？甚至有人想不开，半夜投井而亡，那么这口井不就废掉了吗？要知道，井是来之不易的。

想想看，一个社会要有秩序，大家要条条有理，这都不是一朝一夕能够做到的，既然我们定居在这个地方，就不要让它毁于一旦。当然，现在有了自来水以后，大家可以把井整个忘掉。但是千万要记住，整个自来水系统就是井养之道，即井水养人的道理是没有改变的。

我们一定要注意，供养人的水还有四个方面的说道，一是清，二是浊，三是用，四是舍。清、浊、用、舍，是我们取用天然资源的时候，一定不能忘记的四个字。

第一个是清。水要合乎检验的标准。现在很多水井，大家都不敢汲水吃，甚至连井口都封掉了，就是因为一化验，水质很糟糕。也许大家会觉得，古代人科技不发达，检测技术有限，明明水质很差的水也喝了。我想

不是这样，因为古代的水不像现在这么复杂、可怕。那时候的人都比较单纯，一切受自然束缚，而自然也有一定的秩序，把不同的水分得清清楚楚。自从人类自认为很聪明，搞东搞西以后，才把整个自然的系统破坏掉了。现在的井，取水随便去化验，都告诉我们不合格，不能喝，自然就被封掉了。封掉以后我们就开始动脑筋，用自来水，但是自来水要过滤，过滤就要用到氯气，多了不行，少了也不行。于是我们又把目光转到了矿泉水上，现在又觉得矿泉水好像也不对。那人类以后要喝什么，真的很难讲。但是清也有一个度的问题。蒸馏水非常清，不含杂质，但是对身体不好，因为人体也需要一些水中的矿物质。所以，过与不及都很糟糕。

第二个是浊。浊要浊得有道理。各位想想看，大家面对同一条河，上游的人和下游的人都吃这条河里的水。可是上游的人用河水洗衣服，下游的人还怎么吃呢？这个我们要感谢大自然，什么事情都为我们考虑得非常周到。水是流动的，我们今天讲水处理，实际上水流就是在处理。因为河水里面有泥沙，有石头，有各种水生物，这些东西都起过滤的作用，都在做整治的工作。不像我们现在过分依赖化学，搞到最后，反而不敢吃了。

人最要紧的是要有道德，比如用水，该用才用，同时也要给别人用。不能说自认为这个好，就通通挖过来。我们现在最应该做的就是把海边漂亮的地方，还给人民。在西方很多国家，海边最漂亮的地方，都被有钱人包起来了。现在全世界都在寻找水资源，只要有可利用的水的地方，往往都被某些大国操控，不让别人利用。要知道，全世界百分之七十以上的水是不能喝的。也许有人会问，把海水变成淡水不就行了？当然行，但是成本太高。所以，我们现在可供利用的水资源是有限的，而有限的水资源在用舍之间没有一个平衡点的话，大家迟早会缺水，这是显而易见的。

讲到这里，我们想到了一个问题：人类吃自助餐到底对不对呢？吃自助餐也像井养之道一样。我有一位老师，退休以后到了美国去居住。有一次我去看望他，他跟我讲："我开了一个餐馆，你想不到吧？我带你去看看，很有意思。"这位老师的可贵之处就是看到学生，不管学生多老，始终要告诉他一些道理，这才叫良师。我们到了他开的餐馆，里面一半是点

第一百零五集　不变而通

餐的,一半是自助餐的。他问我:"你看有什么不同呢?"老师用这样的方式考我的试,幸好我跟他处得还不错,就说:"刚来很匆忙看不出来。"他说:"你看得出来,只是不说而已。你看这些点餐的桌上,废弃的食物很少,他们都知道能吃多少,就点多少,很少乱点。可是那些自助餐桌上,通通是浪费的,反正不拿白不拿,拿了吃不完再说。这就是人性。"

老师的话非常有道理,自助餐无形当中在倡导人浪费,如果大家还要推广它,就是不合人性,就是帮凶,就是在把更多的人带坏。所以当我们要做这样的事情的时候,要好好想清楚,这也是井道。想想看,我们挖井一般选在什么地方,会挖在高速公路旁边吗?再比如我们要推出一种制度,会随随便便就吆喝吗?这些事情都会经过一番选择和考虑。这也是井养之道的一部分,而且是非常重要的一部分。

现在,既然我们已经有了自助餐这种制度,那我们就要"劝相"。"劳民"在这里的意思可以理解为既然他们已经把自助餐开发出来,对不对是他们的事,他们要承担这个后果,自作自受。而我们要"劝相",即互相规劝,懂得怎么样吃自助餐才好。其实原先自助餐这种方式,也是经过仔细考虑的,也是有一套主要的精神,只是大家不知道而已。

自助餐给我们提供了很多种选择,但是用的人千万要记住,只拿自己想要吃的,只拿自己所需要的,别的东西就不要动了。现在不是,大部分都是哪样都要尝尝,看着好的就拿走,最后吃不了了,不想吃了,就堆在那里。自助餐是多样化供应,使大家有更自由的选择,但是在用舍之间,就是体现一个人修养的时候。我们不是做给别人看的,而是做给自己看的。讲到这里,我们又想到孔子的一句话,古代做学问的人是为自己,不像现在做学问的人,要到处展示给别人看,好像是为别人来做学问。所以,我们去吃自助餐的时候要对得起自己的良心,而不是做给别人看,让别人觉得自己很会吃有什么意思呢?每一个人把自己管好,把井道修好,才是井卦给我们的最大启示。

井的美德在于源源不断地供养着他人。因此,光是管好自己,把井道

修养好,并不是井卦最终所要达成的目的。那么,井卦和我们的现实生活,还有哪些更为密切的联系呢?

井卦上卦为坎为水,下卦为巽为风,所以叫作水风井。水风井的意思是我们向井中垂下一个木桶,把水汲上来,供我们正当使用。这里含有很多很多的意思。我们已经大致上分析过了,但是大家还应该静下心来好好去想一想,进一步推广一下。这是你自己的井,你有几个原则;这是家族的井,你们有几个原则;这是整个社区的井,大家有几个原则。通过看这个井,就知道一个人、一个家族、一个社区的品德修养如何。

古代有井田制度,八口之家,每一家分一块地,自己耕种,收成归自己。但是每一家人都要分出一点劳动力,来把公家的那一块公田种好,而这个收成是要交给政府的。但是,很不幸的是八口之家私有的田地收成都很好,而当中那块公家的地收成很差,这就是人性。当然,我们不能要求一个人公而忘私,毕竟这个要求太高了,但是最起码我们要公私并济,花一点力气来把公共的利益做好,这样大家才有面子。我们每天都说爱面子爱面子,实际上却常常搞得自己没有面子。这也叫井卦,井就是先公后私。

历代很多地方官,闲来无事,就跑到井旁边。只要有小孩来的时候,他就会主动告诉他这个水桶怎么用,怎么拉才会省力,回去以后怎么提才不会把水溢出来浪费掉。这是非常好的井道。如果大家都能这样做,并慢慢推广出去,整个社区的人都因为这口井而提升道德,那这口井就不得了,就合乎了孔子所期望的:井,德之地也。

所以,我们从现在开始,不管是家里使用的自来水,还是在外面使用的水资源、汽油等,都不要忘记用舍有度,让我们大家一起来节约资源、善用资源。接下来,我们就来讲:供养无穷。

易经的智慧・第一百零六集　供养无穷

无论是初涉职场还是职场老将,都希望自己的能力得以赏识,并被委以重任。但是,理想很丰满,现实状况中却难免会遭遇"怀才不遇"的尴尬境地。而《易经》中的井卦却给我们提供了两条摆脱"怀才不遇"窘况的有效方法。那么,我们究竟能在井卦中获得怎样的启示呢?

第一百零六集　供养无穷

井卦的六个爻很有趣,尤其最上面的上六爻,反而元吉,这是比较少见的。一般的卦发展到第六爻的时候,往往物极必反,多半没有很好的爻辞。这里我们要特别先说出来,井卦上六爻元吉,这是非常难得的。这也告诉我们,水汲到一半没有用,汲到三分之二没有用,汲到井口还是没有用,一定要最后很安全地汲出来,并倒进自己的桶里面,还维持干净,同时水量也不能少太多,不会徒劳无功,整个的井道才算完成。

不管怎样,我们还是要从初六爻看起,爻辞(图106-1)说:**井泥不食,旧井无禽**。

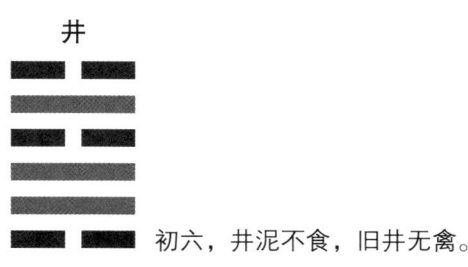

初六,井泥不食,旧井无禽。

图106-1

初六是不当位的。我们知道,水井最底下就算有水,也不能用,因为它里面混有泥巴。所以爻辞很坦白地讲:井泥不食。井底下的泥使得水变浑浊了,这里的水是不能喝的。一个社会当中,永远有一些自甘下流的人,这种人是不能用的,也无须同情。有人说,不是天生我材必有用吗?哪里有废物呢?这个并不能一概而论,因为也有自暴自弃的人。

初六告诉我们,做一个人要力争上游,不能够自暴自弃,否则变成"井泥不食"的话,是没有人会同情的。中国人的"救急不救穷",也是

从这里衍生出来的。现在有些流浪的人被称为街友,这些人其实连乞丐都不如,乞丐还很勤劳,会去要钱,而他们整天流浪,晚上随便哪里找个地方就睡了,这就是"井泥不食"。

"井泥不食"到什么地步呢?"旧井无禽",井已经荒废,不能用了,也没有人来整治,时间长了,连鸟禽也不会来喝井里的水。平常我们可以看到,水井旁边有一些水,人们在那里洗菜,留下菜屑,当没有人来的时候,鸟禽就会飞过来喝水,顺便找点东西吃。这也是井的一种功能,不但照顾人类,而且还照顾鸟禽。现在成了废井,有泥无水,这时候连鸟禽都知道来了也没有用,所以就不来了,这种情景其实有点令人伤感。但是社会上一定有这样的现象,我们要特别小心。

初六小象说:井泥不食,下也。旧井无禽,时舍也。"下",即在井的最底下。这告诉我们社会上有些人,不但弱,而且还没有人愿意帮助他,意思是说他被整个时代所放弃了,好像没有这个人一样。这是每个人应该特别小心的地方。"旧井无禽,时舍也",旧的井废掉了,连鸟禽都不来,更别说人了。换句话说,一个人早已经被时代所抛弃,不能与时俱进,也跟不上时代步伐,最后只有自己倒霉。所以初六给我们提出警示,千万记住,做人要像个样子,不要变成"井泥不食""旧井无禽"。

虽然这些不求上进、自甘堕落的人,会像井底的污泥一样,被社会所抛弃,但他们却给其他人,带来一定程度上的负面影响。那么,我们应该怎么做才能免受影响,不至于沦落到和初六爻一样的下场呢?

九二爻辞(图106-2)是:井谷射鲋,甕敝漏。

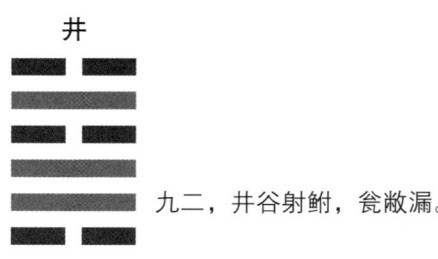

图106-2

第一百零六集 供养无穷

九二很容易向下，因为它的下面是虚的。九二跟初六，叫作阳乘阴，刚乘柔。所以九二很自然会向下，这样就会失去向上的勇气，也没有向上的心意。

"鲋"，小鱼。"井谷射鲋"，是什么意思呢？形容一个人好像在玩一种游戏，即去射井里的那条小鱼，表示这个人一点向上的意志都没有。一个人看见一条小鱼，把射小鱼当游戏玩，就是告诉大家这个人是自暴自弃的，根本没有用心奔向前途。

"瓮"，汲水的容器；"敝"，破旧的意思。"瓮敝漏"，汲水的容器不但破旧，而且还漏水。为什么会这样呢？九二跟九五不相应，两个刚对刚，所以九五不会来帮助九二，而九二又被初六所吸引，一直往下走。用今天的话说，叫作向下沉沦，而不是向上提升。另一层意思也告诉我们，一个人如果不能够向上提升的话，就一定会向下沉沦，这时候要特别小心。

九二小象说：*井谷射鲋，无与也*。水井用一段时间，人就要下去清理一下，有损坏的地方修一修、补一补，才能够维持长久。现在不是，不但不维修，看见一条小鱼，还把它当游戏来玩，这怎么行呢？"无与"，即九二跟九五不相应，得不到九五的帮忙和提拔。在这种情况之下，便去跟下面的初六亲近，以至于造成向下沉沦的症状。

接着看九三爻，其爻辞（图106-3）是：*井渫不食，为我心恻；可用汲，王明，并受其福*。

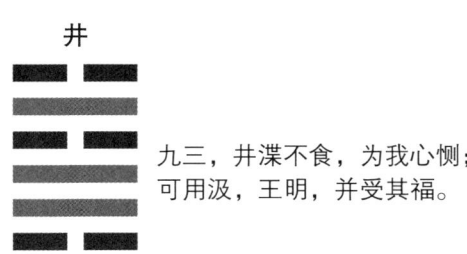

图106-3

"井渫不食",把井整治好了,水也很清洁,本来可以吃,也可以用的,但为什么"不食"呢?因为九三还在底下,还没有上行到达上卦。要知道,底下是风,上面才是水。"为"是死的意思,"我"指九三本身。"为我心恻",即九三看到这种情况很伤心:我这么好的水,别人怎么就不拿去喝、不拿去用呢?换句话说,一个人是可用之才,但就是没有人赏识怎么办呢?

通过不断地自我修养,我们不仅没有沦落成无用之人,相反还具备了一定的素养,就在准备大展拳脚之时,却发现根本无人赏识。那么这个时候,我们应该怎样面对"怀才不遇"的尴尬处境?又该通过什么方法,去获得上级领导的赏识呢?

这件事告诉我们,水就算很清洁,也不一定有人来用,怎么办呢?认识到了就好,为什么非要积极让人家来用呢?现有的很多水资源都快被用光了,迟早会用那些还没被利用的水资源,急什么呢?但是这种心情是比较正确的。

九三小象也:*井渫不食,行恻也。求王明,受福也*。当一个人怀才不遇、心有不平的时候,要特别小心,因为这对人对己都没有好处。"求王明",即祈求上面的人,因为上面的人会看人,会用人,会赏识人。"受福也",但只能当作一种期待,当作一种乞求,没有办法说自己想这样,马上就能改变状况,如愿以偿。

下卦三爻告诉我们,一个人因为层次比较低,上面的人不一定能够看得到,所以只有忍耐,继续充实自己,等到有一天慢慢升上来,上面看到了,自然会重用,千万不要因为一时不得机会,就放弃了自己的未来。特别是九三,处境不上不下,这类人多的是。从基层到中层,从地方政府到中央,看起来只有一个槛,却是很难迈过去的。所以,能上就上,不能上就好好做现在的,这才叫作井道。井然有序,规规矩矩,待时而变。要知道,只要"时"还没有到,再怎么努力也等于零,而当"时"到了,自然

第一百零六集 供养无穷

轻松快捷。

现在我们接着来看上卦的三个爻，六四是空的，上六也是空的，只有九五是实在的水，这是非常有道理的安排。我们都很清楚，一个容器充满水以后，就等于没用了，因为它没有活动的空间。所以一个人，不要把所有事情都占满，要留些余地。这也是我们常常讲的，人的修养就是自留余地。只要有机会，什么都做，什么都不放过，最后把自己累死，有什么好处呢？

六四爻辞（图106-4）只有四个字：井甃，无咎。

六四，井甃，无咎。

图106-4

"井甃"，即用砖头来修砌井。"无咎"，即没有后遗症。虽然爻辞就这么简单的四个字，但是我们要去体会：为什么用砖头来修井就没有后遗症？

我们可以看到，六四跟初六都是阴爻，不相应，但是初六不当位，而六四当位。所以六四心很正，但修养不足。这时候就要安静下来，等待井修好了，水变清了，别人自然会重用。这告诉我们，才高而不见用的时候，不要抱怨，更不能恼羞成怒，而是要培养德信，这样才会无咎。如果整天发混账脾气，或者到处去顶撞，是没有好处的。六四已经来到了上卦，该看到的人都看到了。如果还是得不到别人的赏识，那就要反省一下自己有没有什么缺失，不要急躁，否则的话一定有咎。

六四小象说：*井甃无咎，修井也*。意思是这时候再修井，就要考虑到怎样才能消灭后遗症，即一定要好好把这个井修好，不能马虎，不能匆匆忙忙,否则井很快又坏了,反而耽误更多的时间。因此,修井的意思就是修身待时。孔子一直告诉我们:时也,命也。一个人的命再好,时没有到,也发挥不出来;时到了,自然会感觉到一片大好。这不是看破,而是看开。《易经》只叫我们看开,从来没有叫我们看破。

六四一直告诉我们,一个人已经到了这个地步,一举一动别人都看得见。为什么?因为再往上就是九五,九五离自己这么近都看不上自己,如果这时候还不知道反省,还要急躁顶撞,后果当然可想而知。

我们不断地修身善己,待时而出,自然会获得上级领导的赏识。但是千里马常有,而伯乐不常有。那么,作为职场领导,该怎样去识人、辨人、用人呢?

九五爻辞(图106-5)是:井洌,寒泉食。

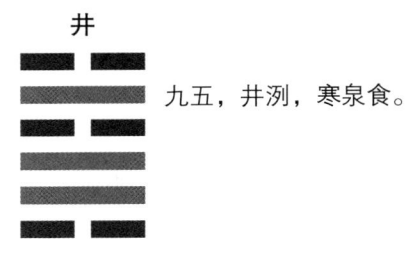

图106-5

"井洌",意思是水已经很清澈,可以直接饮用。当然,我们也没有劝大家直接去用这些水。"寒泉食",寒泉是井洌的一个形容词,其实就是清澈可饮的意思。这里是讲水还没有出井的情况。

一个人当了很开明的领导,把所有人才都集合在自己身边,难道这样就没有危险吗?危险当然很大,尤其现在每个都是人才,谁也不服谁,那到底听谁的呢?我们经常看到,有两派争执不休的时候,当领导的考虑得焦头烂额还打不定主意听谁的,其实他们只不过是意见上不同而已。这叫

第一百零六集 供养无穷

作一言不合动成水火。这时候作为领导,该怎么办呢?可见,虽然是"井洌",虽然是"寒泉食",也是很伤脑筋的。

九五小象说:**寒泉之食,中正也**。"中正"的意思就是说,用人的时候要很谨慎,尤其是自己的态度,要客观、公正,始终维持在合理的层面,不能偏于哪一方。否则的话,只要偏向哪一方,就等于助长了底下派系的斗争,最后吃亏的一定是自己。

即使我们在完善自我的同时,遇到了赏识自己的伯乐,取得了斐然的成绩,这也并不是井卦最终所要追求的:吉祥的"大成"。那么,上六爻究竟给我们提出了哪些启示?而真正吉祥的"大成"又是什么呢?

上六爻辞(图106-6)说:**井收,勿幕;有孚,元吉**。

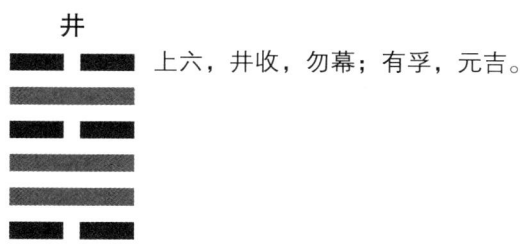

图106-6

上六是中空的,只有空才有办法通。如果井里的水都满了,岂不糟糕?鸟也可以来吃,狗也可以来喝,这样就把水污染了。

"收",收成的意思。"井收",即井的功效已经完成了。上面是空的,才有办法把水提出去来完成整个井的功能,所以叫"井收"。可是爻辞接着提出一个建议:"勿幕"。意思是不要用盖子把它盖起来,因为如果盖起来的话,有些外地人来到此处,不熟悉环境,想用水的时候反而用不到。井德要有成,就是不仅自己能用,也要保证别人能用。

曾国藩当年坐拥湘军、势强力大时,是怎么样圆满下台的呢?其实以

曾国藩的状况，他真的是左右为难。第一，湘军势力太大，直接威胁到九五。虽然曾国藩作为上六，是空，但皇帝也不会放权，这点他早就看清楚了。第二，曾国藩敢辞职吗？如果他辞职就是对清朝皇帝的威胁，如果皇帝准了，说不定就此认准他叛变了，到时候找借口也已经晚了。最后，曾国藩只好"井收，勿幕"，即把湘军撤掉，自己不辞职。这样，他还是皇帝的部署，但是却可以持续地为政府培养大量的人才。所以，当太平天国的事情告一段落之后，他就转而发展我们自己国家的军火，同时搞洋务，这是为了未来的发展。这就是"有孚，元吉"，即让所有人都看到，他没有一点私心，绝对没有叛变的意图，纯粹只是为公做事，而且还用行动表现出来了。

上六小象说得很好：**元吉在上，大成也**。在上，居然还能够元吉，这在六十四卦里面是非常少见的。井卦一再提醒我们，不能把水完全拿回去使用，否则整个过程都是白费。什么叫作"大成"？就是"元吉在上"，才有资格讲"大成"，其他的都是小成而已。水井养人的大功告成，就要求上六是空的。

整个井卦都在提醒我们，作为一个人，要记住修德以待用。一个人的能力怎么样，别人都是见仁见智，有人觉得很好，有人觉得不行。所以，我们只有不断提升自己的品德修养，然后等待伯乐。井的真正功能，就是九五跟上六这样而已。

 作为一个人，要记住修德以待用。
——《易经》的智慧

我们天天都在喝水，从这里面可以学到很多东西。请大家花一点时间，把井德仔细体会体会。一个人不能对一口井总是在用，还要定期维修；一个人不能永远以不变应万变，偶尔也要有一点革新。

所以，在井卦之后，就是革卦。革是什么意思呢？有哪几种情况呢？下一次，我们就来讲：革新之道。

易经的智慧・第一百零七集　革新之道

庄周曾说"礼义法度者,应时而变者也",强调了法度要顺时革新的道理;鲁迅也曾有言"不革新,是生存也为难的",强调了革新是人们得以生存的必要条件。可见不论社会还是个人,都需要革新求变。然而,人们如何才能确保,革新带来的结果是发展进步,而不是倒退落后呢?

第一百零七集　革新之道

《序卦传》说：井道不可不革，故受之以革。井，大家常常去用它，用的人大部分都很守规矩，可是难免有一些人有意无意乱丢东西。再者，就算每一个人都规规矩矩，不乱丢东西，井里面久而久之也会有一些问题。所以过一段时间，就要把井清理一下，甚至停用一段时间，好好整修，然后再恢复使用。任何东西，不可能是用一次之后，就百年不再动它，这样一定需要一些调整。因此，井卦之后，"受之以革"，就是说当东西用久了，当事情演变得越来越差，当一个人越走越歪、偏离正道的时候，就要革新。

革，是要汰旧换新的，把旧的、不好的部分去掉，但这不等于说凡是旧的都应该去掉。新的可以取代旧的，但是新的一定要保证比旧的更好，这样才符合革的要求。

就我们个人而言，换得好跟换得坏，其实没有太大的伤害。比如这件衣服不好看，换一件；鞋子穿破了，换一双新的；房子老旧了，或者不够用了，搬新家……这些都是革。就算错了，也没有什么了不起的，顶多损失一些东西，损失一些金钱，浪费一些时间，或者心里头比较不愉快，如此而已。

但是，如果国家的政治要革新的话，情况就不一样了。听起来都叫人害怕，那就革命，关乎国计民生，我们把它叫作非常之举。再讲清楚一点，个人只不过是革金钱的命，而政府是革老百姓的命，其实也不完全是老百姓，政府官员自己的命也照革不误，可见这是非常严重的事情。所以古人有一句话，叫作"利不百，不变法"。这样各位才清楚，我们历代的变法之所以差不多都是失败的，就是因为没有把革卦搞清楚。

井水需要不断清理，才能保持洁净，社会也同样需要不断改革，才能进步。然而，纵观历史，并不是所有的改革都能得到人民的信任和响应，这是为什么？难道人们不希望社会进步吗？究竟什么样的改革才能赢得民心呢？

革卦的卦辞（图107-1）说：革，已日乃孚，元亨，利贞，悔亡。

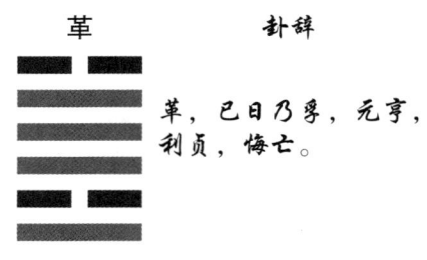

图107-1

"已日"，有种说法把它解释成改革的时机到了，也就是我们现在常常讲的"时机成熟，人心思变"。大家都非常欢迎的时候，这时来革命，"乃孚"，即可以获得人民的响应和信仰。但是这种说法太天真了，历史上大概很难出现这样的状况。

老实讲，革命一定要先破坏然后才建设。一个革命者如果没有建设的成果，谁会轻易相信呢？别人只看到革命者在破坏，而且使得他们的既得利益受到很大的损伤，他们怎么会支持、响应革命者呢？当然，历史上有很多人，对这种保守派很是愤慨，说他们是保皇党，不求新求变，阻碍革命。其实将心比心，如果我们是既得利益者，在旧社会有很大的权势，享受了很多特权，会觉得革命好吗？

所以，"已日乃孚"，更恰当的解释是改革成果显现后，才能使人信服。换句话说，革命这种事情，只有当快要成功或者已经成功，大家也看到成果不错之后，才会慢慢相信，这是比较实际的说法。

"元亨，利贞"，是一个必要的条件，即革命成果慢慢获得认定，能

第一百零七集 革新之道

够在破坏之后，给大家带来大通、大利、大正，就会得到拥护。所以后面才有一个"悔亡"，意思是本来有悔的，后来慢慢消失掉了。因为刚开始要革命的时候，大家都不满意，甚至有点愤怒，但是后来慢慢感觉到成果不错，原来有的那些怨气，很快就消失掉了。

革卦的卦辞告诉人们，革新需要迎难而上，做出成效后，才可能赢得民心。然而，革新毕竟是一个破旧换新的过程，首先要做的就是破坏，不到不得已，不能随便行动。那么，到底到了什么情况，就必须开始变革呢？从革卦的象辞中，又能否找到这一问题的答案呢？

革卦象辞说：革，水火相息，二女同居，其志不相得，曰革。己日乃孚，革而信之。文明以说，大亨以正，革而当，其悔乃亡。天地革而四时成，汤武革命，顺乎天而应乎人，革之时义大矣哉！

"水火相息"，"息"在这里最好加上一个火字旁，因为革卦的情况很特殊，上卦是兑卦，下卦是离卦（图107-2）。兑就是泽，为水；离就是火。水跟火的关系是很奥妙的。大象传说"泽中有火"，这四个字就是它的核心。为什么不说泽下有火呢？请问各位，如果沼泽下面真的有火的话，我们能看得见吗？火很快就会被整个熄灭掉。所以，大象传很巧妙地告诉我们"泽中有火"，这才厉害。我们都知道，水火不相容，可是火居然有办法在泽当中燃烧，这就厉害了。水想把火灭掉，火想把水烘干，可见革是非常激烈的。

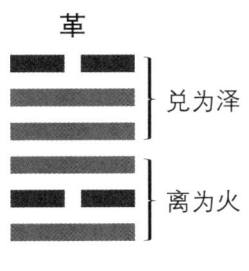

图107-2

"二女同居,其志不相得",我们看整个革卦,上卦是兑卦,有两个阳爻一个阴爻,所以是阴卦,代表女性。下卦是离卦,也有两个阳爻一个阴爻,也是阴卦,代表女性。两个女性,同居在一个屋子里面,这不是姐妹吗?但是这里的姐妹,好像没有什么亲情,相互看不顺眼,总想着把对方赶出去。二者完全没有共识,即"其志不相得",这就叫作革。革的意思是说,既然我怨恨的对象是你,那么要消除我的怨恨,就要把你干掉。这样讲大家就很清楚了,之所以斗争那么激烈,是有原因的。

"已日乃孚,革而信也",意思是领导这次革命的人是大公无私的,真心为老百姓,没有私人意图在里面。可是这种事情,如果没有真正的成果来表现,大家都是将信将疑的。所以,一定要等到革命成功了,大家见到成果了,才知道原来是真的。古人有一句话,已经表达得很清楚了,这句话就是"成者为王,败者为寇"。

"文明",即离火。革卦下卦为离为火,代表光明,也就是人类的文明。"说",通悦,喜悦的意思。"文明以说",要开创一个新的文明,一定要让老百姓能够心生喜悦,才能"大亨以正"。

"天地革而四时成",天地当然也要搞革命。我去过很多地方,当地人都很兴奋地告诉我说:我们这里四季分明。为什么四季分明会让我们觉得很兴奋?就是因为四时的运行符合天时,我们住在这里身体好,收成好,做什么事情都很顺利。春夏秋冬,循环往复,夏天把春天革命掉了,秋天把夏天革命掉了,冬天来了,秋天就不见了。所以,四时有规律地运行,对人类是有好处的。

如果一个人长期住在恒温的房子里,没有四时的变化,身体往往就不健康。而生活在大自然的空气当中,早晚都有改变,我们的身体就能接受这种冲击,产生抵抗力,增强免疫力。因此,革不完全是坏事,只不过有时候它是非常之举,不可以常常用之,否则太伤害人民,太伤害环境,而且还可能把宝贵的,可以用来好好做事的时间,整个浪费掉了。

"汤武革命,顺乎天而应乎人",历史上,汤武革命之所以能够成功,就是因为"顺乎天而应乎人"。象辞最后总结说:"革之时义大矣

第一百零七集　革新之道

哉！""时"，不仅决定该不该革命，革命要花多长时间，革命的成果怎么样，还决定革命以后是不是常常又闹革命。所以，"时"提醒我们，不仅要考虑到现在，还要考虑到未来，甚至考虑到长长久久。

> "时"提醒我们，不仅要考虑到现在，还要考虑到未来，甚至考虑到长长久久。
> ——《易经》的智慧

夏朝末帝夏桀荒淫无道，商部落的国君商汤抓住机会，在内政外交上采取了一系列强商弱夏的措施，积极做好了灭夏准备。之后商汤还以停止向夏桀进贡的方式，来试探夏桀的实力。在确认其他诸侯都叛离了夏桀后，才一举灭掉夏朝，建立了商朝。革卦认为只有这样顺应天时人需的革命，才能成功。那么，人们如何才能掌握天时的规律呢？

革卦大象传说：*泽中有火，革。君子以治历明时*。"泽中有火"，火从泽底下冒到上面来，这股力量是很大的，想一时把它灭掉，没有那么容易。我们常说一句话，星星之火，可以燎原。刚开始不过是火星而已，没什么了不起，随便吐个口水，都能把它扑灭。可是如果不加以注意，它就会越烧越烈，越烧越大，越烧越广。到那时候再想把它扑灭，就没那么容易了。

君子看到这种自然景象，就联想到我们的人世间。"君子以治历明时"，"历"就是历法。现在，尽管大家表面上都用公历，可实际上用的都是农历，也叫黄历。其实，最畅销的还是黄历，虽然它从未进入畅销书的排行榜。想想看，我们要结婚，查黄历；要做什么事情，查黄历。那么，为什么黄历影响这么深远呢？因为老百姓相信。黄历告诉我们，一年的时令是如何变化的。换句话说，它记的是天命，而"时"是人事。中国人做任何事情，都没有办法离开天人合一。"时"，上面再加上一个"天"字，就叫作天时。有人会问，时明明是人的，跟天有什么关系？当然，天只有历法，至于我们要不要照做，它都尊重我们。但要记住一点：

自作自受。

我们现在可以讲一讲,孔子为什么始终被后人怀疑为反革命?因为孔子当时讲了一句话:"如有用我者,吾其为东周乎!"意思是说假如有人真正起用他,他会为复兴东周而努力。很多人据此说他为周室效命,是保皇党。我们要知道,几千年来,孔子的核心思想都被严重扭曲了,好像他一定要做什么一样。其实,孔子从来没有说他一定要做什么。那么,他的核心思想到底是什么呢?就是无可无不可,与时俱进,即"明时"。孔子一生都是这样的,根据时的需要来做调整,此"时"该做什么就做什么,彼"时"该做什么就做什么。也许不同时期的做法是相反的,但都没有错。

孔子身处春秋之时,那时候诸侯争霸,君臣相残,都想要挟天子以令诸侯。在这种情况之下,不管孔子帮助哪个诸侯去推翻周室,都是大逆不道的,孔子也不会做这种事情。但我们也知道,同样是儒家,到孟子就不一样了。孟子就倡导革命,为什么?孟子身处战国,那时候周室的控制力已经非常微弱,不管哪一个诸侯都不把周天子放在眼里。在这种大环境里面,孟子就看中了齐宣王,并帮助他来称霸,以代替周室,因为天下总要一统。所以,同样是儒家,孔孟就给我们留下了不同的印象:孔子是反革命的,而孟子是倡导革命的。其实,如果孔子活得久一点,看到战国的状况,我相信他也会主张既然周朝无可救药,那就推翻好了。这就是"已日乃孚",即时机不同,就要做不同的选择,而不是要与不要这么简单。我们现在人很草率,动不动就要不要,造成很多恶果。要记住,这个时候适合就要,那个时候不适合当然不要,这样才对。

 时机不同,就要做不同的选择。
——《易经》的智慧

古人根据历法来判断什么时候该做什么,革新也要依据天时,在不同时机,做出不同选择。此外,《易经》中革卦之后,便是鼎卦的排序,是

第一百零七集 革新之道

在提醒人们，革新要适可而止，这是怎么回事？现代社会中，革新者又该如何善用变革来为百姓谋福利呢？

懂得历史的人都知道，我们中华民族从未真正百分之百统一过。每次都是统一得差不多，就安定下来了，要求那么多干什么呢？这也是革卦之后为鼎卦（图107-3）的原因。因为如果总是在破坏，后果很麻烦。所以，破坏得差不多，就要赶快建设，建设就是鼎。我们常讲"差不多"，其实差不多就是要适可而止。革也要适可而止，然后走上鼎卦。

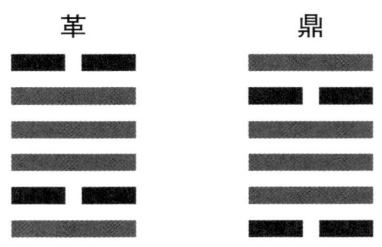

图107-3

秦始皇灭掉六国，一统天下，当然是好事，但同时他也创造了一个祸患无穷的制度——中央集权。这势必导致大家都不服气，要把他拉下台。所以，从秦朝之后，中华民族经历了频繁的战乱和改朝换代。当然，整个历史有其必然性，它一定会这样发展。《易经》告诉我们，不要只看结果，要去寻找原因，有因才有果。至近代，孙中山先生认为老是改朝换代，要搞到什么时候？所以下定决心推翻王朝，建立宪制。清朝最后一个皇帝是溥仪，历朝历代做皇帝的，没有像他那么辛苦的。这就是"时也，命也"。所以，我们读《易经》，不要总考虑个人的利害得失，要考虑到整体才对。

改朝换代太过频繁，最终受苦的是老百姓。水火不相容，可是老百姓偏偏活在水深火热之中。所以，对于这个水火，要理解透彻，善加运用才好。

泽火革，"去故也"，即汰旧换新。我们要真正去了解，每次革到底给人类带来多大的好处。人不能不革，做错了事，就要改变，改变也是一种革，所以革有大有小。小事比较容易看到结果怎么样，可以比较放心地去做。所以老百姓，只能做些小小的改变，要靠他们做大的改变，是不可能的。政府有些政策，老百姓一直反对一直骂。为什么？因为看不懂，也许要等到十年二十年之后才觉得当初那样真好。所以，政府看十年二十年以后，老百姓看明天。政府现在增加税收，百姓就叫苦连天；现在水电涨价，百姓就开始骂。尤其现在，老百姓纷纷要求政府要透明化。我不晓得什么叫透明化。如果政府跟老百姓讲，现在的涨价是因为我们收入多了，物价涨落是很自然的，他们会相信吗？不会，他们会觉得都是政府无能造成的。有一句俗语说得很好：当家三年，狗也嫌。

当然，无论如何我们不能放弃，该革还是要革，但要顺天应人。所以接下来我们要从六个爻入手，分析一下如何才能够：顺天应人。

易经的智慧・第一百零八集

顺天应人

在中国历史上所进行的无数次革新与变法实践中，有获得成功，最终促进了社会发展的；同时也有半途而废，甚至在萌芽时就早早夭折的。那么，如何才能避免改革昙花一现呢？针对改革过程中将会遇到的问题，革卦的六个爻，又会分别给出怎样的解决办法呢？

第一百零八集　顺天应人

革命从什么时候开始呢？从"不可以有为"开始，而不是从"有为"开始，这句话非常重要。一个要革命的人，绝不是不管三七二十一，非革命不可。这不是真正革命的人。那么怎样才算是真正革命的人？就是可以不革命就不革命，如果非革命不可的话，还是先从不革命的途径来努力。其实孙中山先生就是这样，他不是说要革命了，叫大家一起来响应。他的做法是先上万言书，想尽办法，最后得不到清朝的回应，一看时机成熟了，大家都有这个需要，而且他也有很好的计划，然后才开始行动。

我们先看初九，爻辞（图108-1）说：**巩用黄牛之革**。

初九，巩用黄牛之革。

图108-1

黄牛的皮是很坚牢的，有时候刀剑都不容易伤它，所以在这里黄牛就代表保皇党，坚牢不可破。这是什么意思呢？一个人要改革的时候，首先面对的就是那一股保守势力，他们是既得利益者，坚牢得很，绝不容许被破坏。不管怎么去说服，他们就是不听；如果去打他们，也打不过，这就是革命刚开始时很可能遭遇到的一种境况。其实任何改变，都是这样。

当然，大家会想到，现在的改变是比较容易的，一天到晚都在变。但

是现在的很多改变都是不正当的,将来后遗症非常严重。请问各位,穿鞋子应该穿轻的,还是穿重的?我相信很少有人能回答出来,因为大部分人都不知道鞋子当然要穿重的。原因很简单,人就怕头重脚轻。可现在卖鞋的人都说哪一种鞋子最轻,就最好最时尚,结果弄得大家都头重脚轻,这是很糟糕的事情。

革命是非常之事,必有其实,必有其位,必有其才。这不仅要求改革者有足够的才能,还需要审慎而动,因为兹事体大,非常不简单。历史上,最能够代表这一爻的人,其实是姜太公。姜太公的神算和谋略,很少有人能比得上。他没有因为年纪大了,就急躁冒进,而是坚定推翻商纣王的意志,按部就班,最终获得了成功。

 革命是非常之事,必有其实,必有其位,必有其才。
——《易经》的智慧

初九小象说:**巩用黄牛,不可以有为也**。姜太公很清楚,如果在那个时候,号召一帮人来把商纣王推翻的话,他会第一个被抓起来,关到牢里面被杀掉,那就没有以后的事情了。所以,他宁可选择在渭水边钓鱼。当然,钓鱼是假的,他在等一个合适的人出来号召和领导。姜太公很有自知之明,就算他再有能力,也做不了这件事。所以,他才能够辅佐周朝推翻殷商的统治,而且在相当长的一段时间里,使周王朝安定和维持下来。这才叫顺天应人。

俗话说"万事开头难",要改革,首先就得面对强大的反对势力。然而,有人反对并不是坏事,反而让改革者清醒地认识到,改革要想成功,必须经过充分准备,以及耐心等待,不能轻举妄动。那么,究竟要做哪些准备,等到什么时机,才能够有所行动呢?

第一百零八集　顺天应人

六二爻就比较不一样，爻辞（图108-2）是：**已日乃革之，征吉，无咎**。

六二，已日乃革之，征吉，无咎。

图108-2

"之"，指的是革命的对象。"已日乃革之"，要等到合适的时机，进行革命。"征"，向上响应。"征吉"，意思是响应九五的号召，才会吉祥，而且"无咎"。这告诉我们，如果由当政者，即现在的领导人来领导革新，领导变法，其实是最有利的。所以，不要刚开始就想把他推翻，最好给他个机会，让他去调整、改变，这比推翻他要容易得多。

六二小象说：**已日革之，行有嘉也**。就算上面意志很明显，时机也很成熟，还是不能冲动，因为仍然会有人抗拒。有人的权益受伤了，要想办法去疏通，以化解阻碍的力道，这叫顺势而为。

现在，我们就从初九不可有为，进入到六二的顺势而为。顺势而为就是能做多少就做多少，不要急躁、莽动。其实我们每天都在不停地调整，这样才会进步。想想看，如果能够逐渐地，按部就班地，一步一步去改善，就用不着革命了。举个例子，在开车的时候，明明路很直，可是为什么我们老是在转方向盘呢？其实转来转去，就是在不断调整。路不可能一直是笔直的，也不是只有一辆车在行驶，所以要随时调整。想想看，凡是那些有大转弯的路段，都是车祸的高发区，就是因为大家放松了警惕的缘故。

六二爻告诉我们，革命是很重要的，但是一定要记住，能够避免就避免。最好不断改善，因为不停地改善，就用不着革命了。

陶侃是东晋时期的将领，因遭猜忌被贬至广州，在被贬的十年间，陶侃仍然以收复中原为己任，并每日搬砖来磨砺意志。正因为陶侃厚积薄发、顺势而为，才最终在东晋门阀森严的社会中，以寒族子弟的身份，成就了一番事业。改革者也需要这样的意志，来排除阻力，推进改革。此外，革卦的九三爻还告诫人们，即使阻力减小，甚至获得支持时，改革也不可能一蹴而就。这又是为什么呢？

九三爻的爻辞（图108-3）是：**征凶，贞厉。革言三就，有孚。**

图108-3

革卦下卦是离卦，离卦本身就是热烘烘的，很有干劲。老实讲，从事革命的人，怎么会没有伟大的抱负，没有崇高的理想，没有宁死都不放弃的决心呢？一定都有。下卦为离卦，很好地衬托出了改革者的心情。

九三当位，又在离卦的上面。离火是往上升的，底下是刚开始，到了第三爻火就很旺了。这表示改革者的心情会很急躁，做事很草率，为了革命身先士卒，不成功便成仁，结果反而坏事，即"征凶"。

"贞厉"，是说改革者很正当，想法都对，可是这种行为是高度危险的。目标远大，行为草率，就是我们常讲的"欲速则不达"。其实，"革言三就"，才"有孚"。不要抱持着一次就可以成功的希望，否则就是草率和天真的表现。要做好长期的准备，一次、两次……反反复复才可能成功。既然这样，改革者就要小心谨慎，不会轻言牺牲了。我们老讲一句话，革命非到最后的时刻，绝不轻言牺牲。因为人才太可贵了，有这样抱负的人是很难得的。

举个例子，一家公司要推出新的产品，是不是一推出，经过几次轰动，就把以前所有的产品都打垮了？很多人都有这样的想法：我这次不得了，石破天惊，市场占有率一定瞬间提高。最后的结果，往往跟自己的预期值相差甚远。要知道，商品需要经过一而再、再而三，不断地改善，而不是仓促推出。

九三小象说得最清楚：**革言三就，又何之矣**？如果一次、两次、三次都没有办法成功，我们会怎么办？是不是就此放弃了？当然不能放弃。凡是变革，一定有曲折，不可能一次成功。所以，最好的办法是不要急于求成。

革卦下卦的三爻，身处烈火之中，本应轰轰烈烈地改革一场，却被告诫要忍耐，要慎重。那么，当革卦进入上卦后，又该如何保住改革成果，并且继续推进改革呢？

九四爻辞（图108-4）是：**悔亡，有孚，改命吉**。

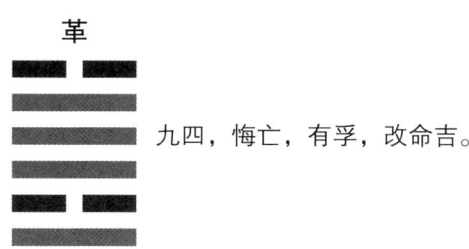

图108-4

我们已经讲过多次了，《易经》告诉我们悔亡的，就是它本来是有悔的。九四阳居阴位，阳刚之爻处于阴柔的位置，当然有悔。为什么有悔会亡呢？九四从一团火，进入了泽，表示水火交融。水火交融的时候，是不得不变的。因为如果不变，就只好眼巴巴地看着自己被泽水浇灭。所以这个时候,若是九四照正常去走,反而是有悔的。但是如果能够按照当前的情况,做一些调整和应变,就会把所有的悔慢慢消除掉。

"有孚,改命吉",九四要心怀诚信,知道虽然自己很困难,虽然自己不一定能阻挡得住迎面而来的水,但还是坚持住。这就是诚信,就会改变自己的命运。所谓改变自己的命运,本来就是好习惯。想想看,革命经过辛苦准备,有人响应,如果急躁冒进,可能整个全完了。现在幸好还保存一点实力,那就要开始改变自己以前的想法,自然会吉顺。

九五是最重要的,爻辞(图108-5)说:**大人虎变,未占有孚**。

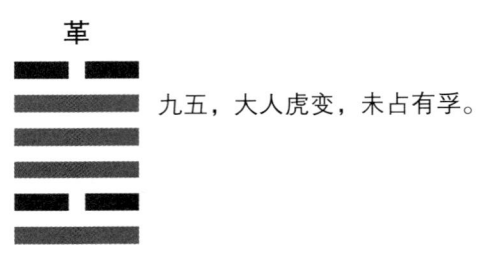

图108-5

"占",即占卜。以前做大事情都要占卜一下,比如当时周文王要起兵,也占卜,占卜的结果是时未到,不吉利。姜太公说,少问那些东西,要打出一条生路来。我们也是这样,最好不要真的完全相信占卜。占卜占准的概率是有限的,孔子占卜统计的结果是,最多百分之七十是对的。也许有人会问,为什么有的正确,有的不正确?其实很简单,占卜完了,事情没变,就正确;事情变了,就不正确了。现在气象台发布的天气预报就是很好的例子,有时候准确,有时候不准确。明明预报明天下雨,结果是晴天。天象是随时变化的,而仪器不会变,信息不会变,统计数字不会变,所以,有时候准,有时候不准,也在情理之中,但大部分还是准的。

"大人虎变",意思是说当政者下定决心要革新:你们以前所讲的,我老不相信,但现在我信了。所以,当政者一出面,整个局面都改变了,因为他有足够的威信。各位想想看,如果当年商纣王意识到情况不对,马

第一百零八集　顺天应人

上自我反省，公开表示自己的错误，然后接受诸侯的请求，善用西伯侯这帮人，那根本就不用革命了。可是商纣王会这样想吗？他心里想的是：我接受你，那我又怎么办？其实，他想得也对。因为历朝历代都有一个不成文的规定：臣篡位，就算君主交出全部权力，诚心诚意地退位，也会被杀，因为有他在，后患无穷。所以，很多事情，只是立场不同而已，并没有对错之分。

 很多事情，只是立场不同而已，并没有对错之分。
——《易经》的智慧

九五的小象说：**大人虎变，其文炳也**。老虎，跟龙不同。龙见首不见尾，它很神秘，不必发威，别人也能感受到它巨大的影响力。老虎不一样，它的斑纹很灿烂，万兽看了都害怕，所以老虎被称为万兽之王。那么，在这里是不是代表皇帝一出来，架势很大？不是。在这里讲的是政令，要变革，要变法，要维新，靠的就是政令。九五的政令公开出来以后，很辉煌，使六二很受鼓舞。可六二还是选择观望一段时间，因为虽然九五今天公开了，可说不定明天又改了。如果六二走得太快，说不定当了马前卒，被牺牲掉了。所以，九五跟六二要相互了解、相互体谅。九五"大人虎变"，但还是要给下面的人一些时间，"已日乃革之"，就好了。

当政者终于顺天应人，决定革除旧弊，开始实施改革措施，然而这并不意味着改革一定会成功。历史中的很多改革，都像王安石变法一样，虽有当政者的积极推行，却最终不过是昙花一现。那么，如何才能确保改革成功？改革的最后阶段，又该着重解决什么问题呢？

上六爻辞（图108-6）是：**君子豹变，小人革面。征凶，居贞吉**。

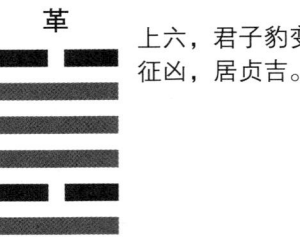

上六,君子豹变,小人革面。征凶,居贞吉。

图108-6

豹跟老虎也不同,它的花样都在脸上,表示表面应付,其实心里头没有变。一个是革心,一个只是革面而已。但这已经很不容易了。想想看,能够居于上六的位置,一定已有很大的贡献,这就是所谓的国之大佬。所以,就算他们只是表面上说改革做得好,但对革命者来说就已经很值得安慰了。为什么?因为如果我们用"小人革面",就认为这个小人不行,这不是革命者的风范。革命的目的不在破坏,而在建设,所以没必要赶尽杀绝。只要他表面上拥护改革,就算他是小人,只是做表面文章,革命者也要接受。否则,就会"征凶",再继续征下去,连上帝都要干掉,那革命者就变成暴君了。这告诉我们,革命来到最后的阶段,要赶快与民休息,不可再征战了。这才是人心,这才叫作仁政,这才能仁者无敌。

上六小象说得非常清楚:君子豹变,其文蔚也。小人革面,顺以从君也。"小人革面",表示他们顺从了。也许他们内心还没有盘算过来,还不知道革命者的德是什么样的,也不知道还会不会有以前那样的地位,但还是选择了顺应大势,迎接革命者的新法、新政,服从新君。虽然这个新君也许是老的,但最起码是面目一新的。

我们可以看到,历代的改朝换代,都是打到差不多了,就开始下令安民,往事不究,只要他们接受新的,我们当然接受他们。现在的选举也是这样的,候选人得票差不多了,自信当选,就开始讲以后要照顾各党各派的人……这就是《易经》的道理。美国是两党政治,这个党当政,另一个党就开始害怕:是不是要加税了?美国有一个富人党,最怕缴税。所以他

第一百零八集　顺天应人

们就用很好的名目来逃税：商人无祖国。加税我就逃，税低我就来，真是唯利是图。

我们再说一遍，革故是为了鼎新，而不是一直破坏。破坏是必须的，破坏是没办法的办法，可是破坏之后，要有所建设。所以，革卦之后就是鼎卦。接下来，我们就来讲：革故鼎新。

易经的智慧·第一百零九集

革故鼎新

鼎，是古代烹煮用的器物。在汉语中，鼎用来比喻国家和帝王，比如词语"鼎祚"就是指国运，"鼎业"就是指帝王之业。而《易经》中革卦之后的鼎卦，认为鼎代表着改革后国家迎来新时代的境况。为什么古人总把鼎与国家联系起来呢？鼎卦中，究竟蕴含着多少治国之道呢？现代人又该如何运用鼎卦的智慧，来应对日新月异的现代社会呢？

第一百零九集　革故鼎新

鼎可以说是最大的锅，它的象征意义是，要做好民生工作来养民。不管吃饭的人有多少，都要把烹调做好，不仅量够，色香味还要俱全。作为革命者，如果到最后不能改善民生的话，老百姓就会很失望。

从夏禹开始，鼎就是天子的宝器。所以夏商周三代，天子一定要把鼎列在皇庭里面，昭告天下，说自己是问鼎中原的胜利者。意思即为天子是接受上天的命令，来为人民服务的。可是到了春秋，特别是战国后期，诸侯完全不把天子放在眼里，很奇怪的是，鼎也慢慢不见了。到秦始皇统一天下的时候，到处找不到鼎，但他又称自己是皇帝，这就麻烦了，表示秦始皇是第一个没有接受天命的天子。所以，秦朝经过二世就灭亡了，当然我们可以说这是巧合，可也给我们带来很多想法。至少在我们中华民族的心目当中，鼎是个重宝，是用来大烹的，一下子可以煮很多东西，然后用来养圣贤。当然，君王没有办法养全民，但最起码要养圣贤。我们要在鼎卦里面，好好体会一下这个道理。

革卦，把它颠倒过来，就变成鼎卦（图109-1）。革卦跟鼎卦有什么关系呢？就是革故鼎新。革故只是手段，不是目的，目的一定要在鼎新上。革卦，水火相息，水想把火灭掉，火想把水烘干。二者势不两立，不是你死就是我活，没有什么好商量的。

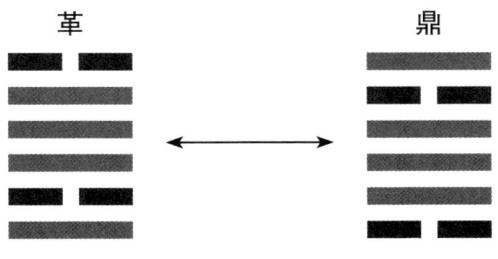

图109-1

鼎卦刚好相反，它里面既有火，也有水。我们可以看到，鼎卦（图109-2）上卦为离为火，下卦为巽为风，哪里有水呢？初六是阴爻，把九二、九三、九四这三个阳爻看成一个阳爻，再加上六五（图109-2），不就变成水了吗？这告诉我们，鼎里有很多食物，下面烧着火，我们能不往食物里面加水吗？不加水的话，食物就烧焦了，做出来也不能吃。所以无论如何也要加水，火越旺，水就要加得越多。大家想想看，只有火，没有水，食物就烧不成；现在我们把食物放进去，然后加水，如果下面没有火，食物照样熟不了。因此，水和火都是不可缺少的。水火本来是相克的，现在我们可以把它变成相生的。所以，对于五行，不要太过强调相克的部分，它也有相生的作用。鼎卦就是很好的例子。

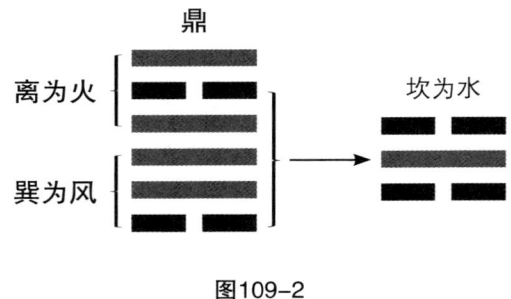

图109-2

《序卦传》说：**革物者莫若鼎，故受之以鼎**。食物，不管是植物还是动物，都要经过一定的"革"，才能变成熟的，被人们所食用。比如鱼，本来是生的，我们要把它煎成熟的；比如土豆，本来是生的，我们要把它煮成熟的。这都是事实，都是变革。要变革食物，最好的办法就是把它洗干净，切好，还要把比较不容易熟的放在底下，比较容易熟的放在上面。如果颠倒过来，就麻烦了，下面的已经烂了，上面的还没熟。所以，不要小看烹调，觉得它很简单，很容易学会，其实这里面有很多值得我们探讨的地方。但是大致上讲起来，革物的东西，"莫若鼎"，即变革食物，只有鼎最方便，最有效，最安全。所以，在革卦之后"受以鼎卦"，就是这个道理。

第一百零九集　革故鼎新

在古代社会，鼎不仅是一个简单的烹饪器皿，它还是权力法制的象征，天子会把治国的律法条文刻在鼎上，甚至还会用它煮死国家重犯。因此，鼎，需要慎用，否则就会误国害民。然而，鼎卦的卦辞却说"鼎，元吉，亨"，如此吉祥亨通的境况，究竟是如何达成的呢？

我们一起来看鼎卦的卦辞（图109-3）：鼎，元吉，亨。

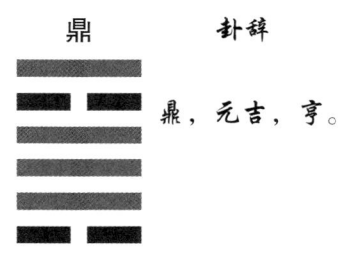

图109-3

"鼎，元吉"，后面还有一个"亨"字，很容易让人怀疑这个"吉"是不是多余的。"元亨"就好了，怎么还要"元吉，亨"呢？其实，吉是吉，亨是亨。

我们说革命完成以后，不仅仅是领导者获得好处，而且全民都获得好处。如果领导者在烹调，香气四溢，但是又舍不得跟别人分享，自己一个人吃，旁边的人会怎样做呢？说不定才吃两口，他们就把你的抢走了。所以，"元吉"是讲人民幸福这一方面，而"亨"讲的是领导者的政令通达。如果搞了半天，自己讲的话就那么几个人听，外面的人根本不知道你们在干什么，也无法响应，那革命还是没有成功。所以，"元吉"跟"亨"，并不矛盾。

鼎卦彖辞说：鼎，象也。以木巽火，亨饪也。圣人亨以享上帝，而大亨以养圣贤。巽而耳目聪明，柔进而上行，得中而应乎刚，是以元亨。

"鼎，象也"，鼎是卦名，鼎这个卦名取自于鼎的全象。鼎最下面透空的部分，代表初六爻，叫作鼎足。为什么不是初九呢？因为鼎的下面要

透风,要生火。九二、九三、九四,合称为鼎腹,即装食物、加以烹调的容器部分。鼎上面有两个耳朵,叫鼎耳。在还没有加热烹调食物以前,我们靠鼎耳就可以移动鼎的位置,甚至要洗鼎的时候,也可以靠鼎耳来把鼎倾倒过来。同时鼎还有个功能,里面的食物熟了以后是很烫的,因此就需要鼎铉来帮助我们把烹调好的东西扛起来,带到需要的地方。所以六五是鼎耳,上九就是鼎铉。整个的鼎,完全跟我们的卦象相吻合,所以叫作"鼎,象也",即取其全象的意思。

"以木巽火",木头在鼎底下,用来烧火。那个时候是没有煤的,更不用说电炉之类了,当然用木头最为方便。火沿着鼎下面的边缘上升,风帮助火越烧越旺,使得鼎里的温度慢慢升高,进而改变里面食物的性质状况,使人们吃起来更加美味可口。当然现在可以加上更有营养。后来,我们就发展出一套,至今都没有人会否定中国人是世界第一的学问,叫作烹饪学。

其实老子也告诉我们:"治大国,若烹小鲜。"就是用煎小鱼的情况,来比拟治理大国的特点,表示烹饪的道理是可以运用到很多地方的。

商朝初年的贤相伊尹,同时也有"中华厨祖"之称,他从烹饪之道中总结出了许多治国之道,最终辅佐商汤,建立了商朝。"大计调和鼎鼐,宏图点染江山",这副对联也说明烹饪与治国之间有着道理相通之处。那么,《易经》中的鼎卦,又会从烹饪中发现哪些治国平天下的道理呢?

"圣人亨以享上帝",这里所讲的上帝,跟基督教所讲的上帝是两码事。这里所讲的上帝代表天,天就是自然。圣人要祭天,就是告诉大家:不是圣人聪明,不是圣人创造什么东西,圣人只是体会上天的意思,把上天的道理说出来而已。不像现在很多人,动不动就说这是我的专利,这是我的创建,你们不能用……这样又有什么好处呢?所以像这些观念,都值得我们好好去探讨一下。

圣人会观天象。老天虽然不说话,但是表现出各种各样的象,这些象

第一百零九集　革故鼎新

就是在告诉人类会发生什么事情，要赶快做好应对的准备。可是一般的老百姓都是低头族，忙于工作，忙于讨生活，而很少有时间把头仰起来观天象。再说难听点，就算观，也观不出所以然来。所以，圣人的责任就是把大家看不懂的道理说出来，但是不能够违背天意，不能够违背自然规律，这就叫《易经》。

"大亨"即"大烹"，指很丰盛的食物。"而大亨以养圣贤"，君王用大烹来供养圣贤，表示很尊敬这些圣贤。中国人吃饭是很讲究的，古人不吃嗟来之食，就是你不尊重我给我饭吃，我宁肯饿死也不吃。对圣贤来说，如果君王没有大烹，他是不接受的。这并不是说他挑剔、自大，而是他认为君王尊重他的话，他才可以施展抱负。如果根本得不到尊重，搞了半天还被利用。用今天的话说叫作白手套，好处别人拿走了，坏处通通推到他身上，那他何必到这里来呢？想想看，为什么诸葛亮当年一定要等到刘备三顾茅庐才肯出山？三顾茅庐就是"大亨以养圣贤"，否则他是不会出山的。

"巽"指的是六五，六五代表君王。"巽而耳目聪明"，革命完成了，六五要做一个有制度、有体制，能够持续性长期发展的君王。而这个君王一定要耳聪目明，能够分辨哪些是真的圣贤，哪些是假的。这样才有办法"柔进而上行"，就是说六五最好不要跟九二相应，虽然它们是相应的。在这个时候，如果六五向下跟九二去相应的话，就会忽略鼎铉（上九）位置的重要性，因为上九是国之大佬。所以，鼎卦特别提醒我们"柔进而上行"，就是说六五宁可去跟上九亲比，也不要老看着底下的东西。也许底下东西真的好吃，但是自己在上面吃饱就行了，不要老想着别的，否则工作就没有办法做了。君王要敬重圣贤，这是鼎卦一个最特别的地方。

"得中而应乎刚"，六五本身是柔的，通常的话都是向下去跟九二相应，但是在鼎卦，六五往上才叫应。"是以元亨"，老百姓才能够普遍得到幸福。好不容易革命成功，政绩稳定了，对于社会上有声望的人，就要尊敬，请他们从旁协助，就能够很快安定社会，这是历史上常有的事情。

鼎卦大象传讲得更清楚：**木上有火，鼎。君子以正位凝命**。"木上有

火",鼎卦下卦是巽卦(图109-4),巽卦为风,在这里代表木。

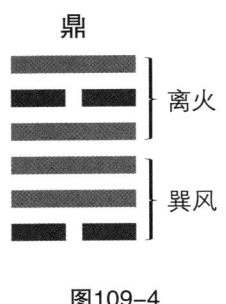

图109-4

巽是八卦之一,代表风,但是《易经·说卦传》中提到"巽为木",巽五行属木,因此鼎卦的卦象,就成了大象传中的"木上有火"。那么,人们看到这种自然现象,应该从中学到怎样的精神呢?

木头上面有火,火的热量不断往上传。上卦离卦(图109-4)就是下面的木烧上来的,火的热力慢慢传到鼎腹,把鼎腹里面的食物充分烹调好,然后打开来分而食之,这就等于鼎的功效发挥到极致。

鼎,自养又能养人。如果一个人忙活了半天,自己没吃上,心里肯定不乐意;如果一个人只管自己吃,不管别人,他们一定会来抢你的,让你不安。所以,自养而能养人,这叫分享。但是还不够,还有一样,就是祭天。祭天以后,大家再分而食之。我们常常讲,拜过神明的祭品,拜过神明的食物,当天要吃完,否则隔天就坏了,不能再吃了。这是什么道理呢?就是怕祭完天以后,舍不得跟别人分享,自己留着慢慢吃,慢慢吃食物就会变坏。其实更深一层的意思是,如果自己吃,就会引起众人的怨恨,甚至用暴力来抢,这样不仅保不住食物,还可能连鼎都保不住。

《易经》六十四卦中,鼎卦位于革卦之后,象征着革新后,一个新时代已经来临,此时君子应该"正位凝命",就是摆正位置,凝聚力量,以完成自身使命。这个道理在古时就提醒人们,君王的使命是任用圣贤,而

第一百零九集　革故鼎新

圣贤的使命就是遵从自然，最终的目的都是要改善民生，使百姓安居乐业。然而，鼎卦蕴含的道理，对于现代人的生活，又有什么启示呢？

我们今天常讲一言九鼎，表示一个人说话算数，谁都听。在古代，只有天子才有九个鼎，其他的人都没有，也不可以有。现在，一个人一言九鼎，表示这个人了不起，有实际的影响力。还有一个词语叫鼎力相助，就是说以这个人的能力绝对可以帮得上忙，只是他愿不愿意的问题。很多时候，我们不能明问人家愿不愿意帮忙，因为问这种话，对方是会生气的，所以，我们就恳求他鼎力相助，至于要不要施以援手，那是他的事情。对方若能够尽心尽力，让我们实际上得到协助，才有资格叫作鼎力相助。鼎在我们的历史上，占有很重要的地位，所以一直到现在，我们对鼎也是很重视的。

《杂卦传》讲得好：**鼎，取新也**。鼎，适合翻新。鼎用完之后，要清洗。如果不洗，时间长了鼎里面的食物会变质，生出很多细菌，再把东西放进去，吃了就会生病。所以，用完之后，一定要洗一洗，把旧垢通通清除掉，像新的一样，再放入食物，好好烹调。

我们现在都说创新，其实跟革故鼎新有一点点不同。实际上我们古代所讲的新，含有一次比一次好的意思，而不是只纯粹讲一次比一次新。想想看，一个人刚学烹调的时候，不太会选材料，东西拿来就用。后来慢慢有了经验才知道，鱼的哪一个地方不能要，猪肉哪个部位比较好吃，这样就会慢慢考究起来。因此，新是说经验丰富以后，会越来越好。所以，我比较喜欢说创善、改善，而不是创新。

> 新，含有一次比一次好的意思，而不是只纯粹讲一次比一次新。
> ——《易经》的智慧

一般人不太了解创新，认为新的就是好的。现在只要是新的，大家都

抢着买,买回去再谩骂一顿,这就是当代人的毛病。衣服、鞋子通通搞得花样百出,只有想不到没有做不到,简直没法看、没法穿。这都是因为这些年来,我们很盲目,不是真的有意去求新求变,结果搞出些乱七八糟的东西,又不知道怎么去收拾,实在糟糕得很。

我们不反对创新,而是想让大家看看鼎卦里面最要紧的是什么,就是四个字:礼贤下士。真正的人才,要扶植;半瓶水响叮当的人,要谨慎对待,甚至还要适当地加以防范。这才是鼎卦很重要的一个关键。所以,接下来,我们就来讲:礼贤下士。

易经的智慧・第一百一十集 礼贤下士

新时代的建设需要人才，因此新时代将为人才提供新的发展机会。然而，机会总是与挑战并存，人才该如何适应新时代，在新的环境中找准位置、发挥功用呢？作为新时代的领导者，又该如何用人，才能使得政令通达、人民幸福呢？

第一百一十集　礼贤下士

我们都知道，爻位是自下而上的，鼎卦的初六爻很显然代表鼎的足。初六爻的爻辞（图110-1）说：**鼎颠趾，利出否。得妾以其子，无咎。**

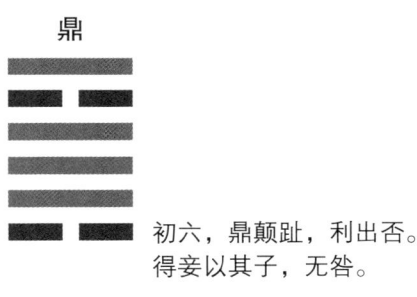

初六，鼎颠趾，利出否。
得妾以其子，无咎。

图110-1

"趾"，脚指头；"颠"，颠倒。"鼎颠趾"，意思是这个鼎的脚颠倒了，颠倒有时候指整个翻过来。为什么？因为要清洗鼎，把原来旧的东西倒掉，才能再加上新的。"利出否"，指利于倒出里面的脏物。

"得妾以其子"，是什么意思呢？其实在告诉我们要革命，就要有新的领导班子，而新的领导班子组建以后，多半会把旧的人换掉，因为他们当初没有响应，没有出力，等同于废旧物。自古以来一朝天子一朝臣，我想这是合理的，要不然跟着自己的人出那么大力气干吗？这个不只中国才有，放眼全世界都是这样。两党政治，这一个党当政，如果还用原班人马，那下次谁还投票给你？所以这个党掌权了，之前那个党自然要通通退掉，再换一批新的人马。过几年再选举，又是另一番调整。有人说"民主政治，就是分赃制度"，也是有一定道理的。

这里"得妾以其子"是一个比喻。本来是妾，生了一个儿子，就被扶

成正位了，但是"无咎"。意思是说，把鼎颠倒过来，把里面的东西通通倒掉，看起来好像不太对，但是它告诉我们，这是革命成功之后的除旧布新，所以很合理，当然无咎。

讲到这里，我们可以想到，初六所讲的就是因祸致福。当年参加革命的人，冒着要遭祸的危险，因为可能一不小心，革命就失败了。所以说是由祸转福，因败致功。革命不太可能经过一次马上就成功，其实都是一次次失败了之后才取得成功的。

历史上，凡是成功改朝换代的新朝皇帝，都是一路败，败到最后才成功的。比如刘邦，曾败到连妻子儿子都抛下，独自逃命。项羽的确了不起，可突然间形势一改变，一切都完了。刘邦强大起来战胜项羽，以前的败通通不算，这次成功就好了，这就是因贱致贵。以前只是妾，地位再怎么样也比不上妻，可是生了儿子之后，就被扶正为妻，有了妻的地位。这是很形象的比喻。

当一个国家或者组织在改革后迎来新时代时，当务之急应该是除旧布新，对成员进行重组。那么，此前在改革中展现了实力的有功之臣，自然会成为被提拔的对象。然而同时，打压和排挤也会接踵而至，很可能落得个功劳被遗忘，才华也无法施展的结果。人们该如何面对这种情况呢？

九二爻辞（图110-2）是：**鼎有实，我仇有疾，不我能即，吉。**

图110-2

第一百一十集 礼贤下士

九二就开始进入鼎腹了。"鼎有实",即鼎里面装满了食物。我们知道鼎很大,所以它里面的食物不只一层,而是有好几层。如果只有一层,那就很简单了,要么炒,要么煮,要么炸,就可以了。现在鼎里面有这么多东西,如果把容易熟的放到下面,把不容易熟的反而放在上面,那不糟糕了?下面的煳了,上面的还没有熟。所以,应该把比较难熟的摆在底下。

"鼎有实",代表九二有几个优点。第一,鼎里面充满了食物,很实在,不空虚。第二,九二守正待时。九二处于下卦的中间,这叫居中,虽然不当位,但没有关系,它也无所谓,因为上面有六五跟它相应。

比较麻烦的是"我仇有疾"。"我仇"指的是九四,九四老是挡着九二。大家想想看,底下的东西再好,上面的东西把它压住了,人根本看不见,还怎么去吃呢?更深一层的解释是人才被压在这里,上面有权臣把领导包围住,就算人才再怎么好,领导也看不见。九四就是这样,它把六五包围住,使得六五根本看不到九二。幸好这个卦的九四是"鼎折足",它的腿断掉了,"不我能即",用现在的话说就是不能拿九二怎么样。九四想挑拨离间,想把九二压住,不让它出头,想把六五蒙蔽起来,使它耳不聪目不明,但是它拿九二也没有办法。九二之所以这么厉害,就是因为"鼎有实"。九二有实力,实实在在,不抱怨,也不投机取巧去跟六五搞亲密关系,所以"吉"。

《易经》一直告诉我们,要守正待时,不能急躁,不要老认为自己是有志青年,不甘心永远被人打压,没有出头之日。天底下哪有人才能够统统出头的呢?这根本就是不可能的事情。

九二小象说得很清楚:鼎有实,慎所之也。我仇有疾,终无尤也。为什么说"鼎有实"呢?因为九二没有贪图,没有近水楼台的方便,因此它对自己所要到的地方,所要达到的目的,非常谨慎,不会不择手段、投机取巧,而是会等,等到有一天六五清醒过来,再来重用九二。其实道理很简单,鼎里面的东西吃吃吃,吃到下面竟然还有好东西,吃的人一定会把它捡起来。所以,真正的人才是不会被埋没的。"我仇有疾,终无尤也",终究不会造成灾难,终究还是有希望出头的。

 真正的人才是不会被埋没的。
——《易经》的智慧

接着看九三爻,我们说九三是鼎耳,它明明不是鼎耳,怎么说是鼎耳呢?

其实古时初期铸造的鼎器,鼎耳是在鼎腹的中部,就是鼎卦九三爻所在的位置。可是由于火的烧烤,这里的鼎耳经常脱落,后来才改在六五爻处铸造鼎耳。那么,鼎卦的九三爻特别引用这个故事,究竟想说明一个什么道理呢?

九三爻辞(图110-3)说:**鼎耳革,其行塞,雉膏不食。方雨亏悔,终吉。**

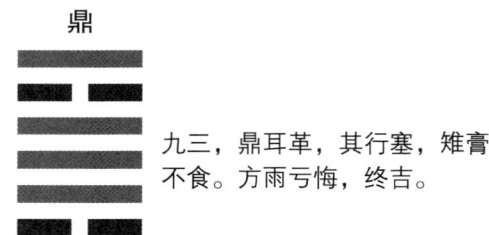

图110-3

"鼎耳革",好像鼎耳被除掉了一样。人才太多了,一下子涌现出来了,所以本来是鼎耳的,现在也不是了。"其行塞",走路走不通。如果一个人是鼎耳,还有作用,人家一定会重用,现在鼎耳变成隐形的,就糟糕了。"雉膏不食",野鸡汤味道很好,值得品尝,但是大家却没有品尝到。

很好的人才,真正被埋没了,怎么办?没有关系。这个时候,九三要觉悟,自己跟九二是不一样的。九二是不当位的,但是它不正而中,而九三是正而不中。正而不中,跟不正而中去对比,还是中比较重要,《易

第一百一十集 礼贤下士

经》是很重视中的。我们之所以叫中国，称自己为中国人，都是从《易经》来的，因为中就是合理。

"方雨"，正要下雨，但还没有下的意思。九三在往上卦离火走，离火越来越旺的时候，必须降雨来把燥性减少一点。这就很简单了，只要等待下雨就行了。所以，只要九三能够耐心等待，不要很快把自己烤焦，知道保护自己，还是会吉顺的。

其实，我们从在鼎腹里面吃东西的状况，可以想到革命完成以后，新组织、新团体里面人才的激烈竞争，我们把它叫作内部矛盾。内部矛盾是永远存在的，只要有人就有矛盾。所以，我们不可能说现在革命成功了，所有矛盾都没有了。

 内部矛盾是永远存在的，只要有人就有矛盾。
——《易经》的智慧

竞争无时无刻不在，失意在所难免，但只要人们怀着"天生我材必有用"的乐观心态，耐心等待，积极面对，自然会有好的时机，就像金子总会发光一样。然而，有怀才不遇的，也必然有无能却被委以重任的，那么这种人的存在，又将对新时代造成什么影响呢？

九四爻辞（图110-4）说：**鼎折足，覆公𫗧，其形渥，凶。**

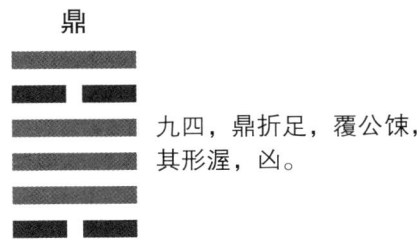

图110-4

九四是比较麻烦的,所以卦辞里面出现了"凶"。人在得到地位、得到权势之后,不能太霸道。如果一个人得到地位、得到权势之后,什么都想要,瞒上欺下,最后一定有祸,一定是凶的。

"鼎折足",鼎怎么会折足呢?九四本来应该跟初六去相应,可是现在眼睛只看到六五。所以,初六觉得九四不照顾自己,就"鼎颠趾",倒掉鼎里面的东西,即"覆公𫗦"。"𫗦",是美食。老实讲放在最上面的,经常都是最名贵的东西。一道菜端出来的时候,上面通常都是最好的材料,以彰显它的高贵,吸引人们去吃。所以当一个厨师要把食物拿出去的时候,会把盘子里的东西稍微再重新摆一摆。结果现在,这些美食都被倒掉了。"形",指的是鼎的外面。"其形渥",食物倒出来,搞得外面脏兮兮的,影响人的食欲,当然是凶。

这就是九四,站在好的位置,却自不量力。位尊德薄,品行修养不好,根本挑不起大的责任。所以,九四只能一时看好,很快就不见了。我们从历朝历代,也可以看得出来,新皇帝即位之后,就开始任命百官,但是没多久,抓的抓,免的免,杀的杀……然后又开始换新的,这就是因为"覆公𫗦"。

小象解释说:*覆公𫗦,信如何也*?任用非人,老百姓不安,又怎么会相信这个新的政府呢?新政、新人,是革命之后老百姓最想看到的事情,因为他们对六五很有信心。既然革命成功了,这时候一定要鼎立,把政权稳固住,然后照顾老百姓。所以,刚开始老百姓看到新政府任命的人,虽然不知道好坏,但也会一直拥护叫好。可没过多久,这些人就出乱子了,而始作俑者都是很重要的人物,即九四。九四最靠近六五,所以出事的机会也最大,这些人瞒上欺下,能让百姓心安吗?

虽然改革成功,已经迎来了新时代,但仍然会出现任用非人,或是埋没人才等隐患;而管理不当,就可能使老百姓享受不到新时代的利好。那么,作为新时代的领导者,应该做些什么来防止管理问题的发生呢?又该如何将新时代的建设成果惠及每个人呢?

第一百一十集 礼贤下士

六五是卦主，爻辞（图110-5）是：**鼎黄耳，金铉，利贞。**

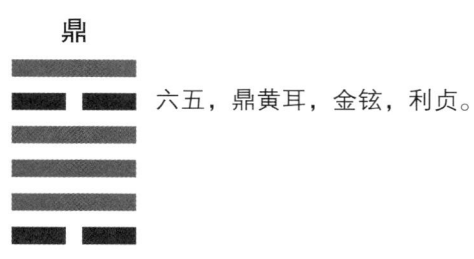

图110-5

六五是鼎的耳朵，在没有烹调以前，它是冷的，随时可以操作。但是当烹调完成以后，它就变热了，很烫手，再要去操作它，就必须用一个铉来辅助我们。换句话说，当革命完成以后，领导者已经变成了老大，这时候最需要的就是社会贤达，即前朝遗老们来协助。当然可以不给他们实权，但是他们的帮助却能给新政府带来很大的方便。因此，"鼎黄耳"的意思是说，六五本身处在好的位置，即上离的中爻，不要老是去想下面的九二，因为九二毕竟是为自己所用的，最好分点精神去跟上九相应。

照理说六五是很讨厌上九的，因为六五是阴爻，上九是阳爻，凡是阳爻在上的，多半会欺负下面的阴爻。所以，很多领导者就是没有读懂鼎卦，才会一直跟下面的人互动，而不理睬那些前朝遗老，结果造成很大的麻烦。放眼看去，很多人都在犯这个毛病。如果革命成功，以前那些人没有帮过忙，不报复他们就不错了，怎么还会去尊重他们呢？其实政治不是这样，因为把那些前朝的"国之大佬"安抚住，可以省很多力气。

现在鼎本身烫得要命，如果人非要强制去抓它，就很容易烫伤，甚至把整个鼎打翻。所以要好好利用玉铉。六五本身是金铉，而上九是玉铉，这里面有很多意义。金跟玉是互补的，金比较刚健，而玉比较滋润，拿起来比较舒服，不会烫伤。这样我们才知道，第六爻位用九、第五爻位用六，阴柔相结合的好处。

"利贞"是什么意思呢？就是六五如果守正道，没有人能够把它怎么

样。革命已经成功了,最起码在一个相当长的时间里面,没有人敢再动脑筋,这才是正常的情况。

六五小象说:**鼎黄耳,中以为实也**。黄耳是空的,当中加一根铉,就变成实的了,若铉的两边与鼎结合为一体,就可以发挥它的功能了。

接着看上九爻,爻辞(图110-6)是:**鼎玉铉,大吉,无不利**。

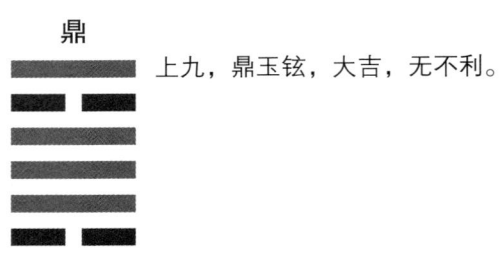

图110-6

上九阳居阴位,根本不当位,怎么会"大吉,无不利"呢?因为"鼎玉铉"。食物烹调好了,既有营养又很美味,大家都很想吃,但是如果没有这个铉,鼎很烫手,根本操作不了。所以,虽然上九不当位,但只要它在这个时候,跟六五密切配合,就会大吉大利。

上九小象说:**玉铉在上,刚柔节也**。金与玉,一个刚,一个刚中有柔,结合起来讲就是有刚有柔,而彼此又节制得宜,其实这里面有很大的学问。作为国之大佬,本来会被革命成功的人丢弃掉,但是他们现在却请自己帮忙,那自己就应该安分一点,不要过分耀武扬威。自己知道目前有被利用的价值,然后好好跟现任领导配合,把政基稳定下来。同时,再慢慢去调整内部矛盾,还要培养接班人,因为人的生命有限。所以,一个政权,如果连续几届领导者都很不稳定的话,是有很大风险性的。

因此,我们应该知道,谁来接班才能够奋发警醒,才能够保持原来革命时期的高度警觉,并持续发展下去。所以,鼎卦之后,就是震卦。接下来,我们就来讲:奋发警醒。

易经的智慧・第一百一十一集　奋发警醒

虽然人们都渴望一帆风顺,但是在人生的道路上,却难免会遭遇波折甚至厄运临头。然而,《易经》中的震卦却说所有天灾的出现,都是为了让我们亨通,这是为什么呢?那么,震卦究竟给我们提供了哪些解除困境、避免波折的方法呢?

第一百一十一集　奋发警醒

中国人最有兴趣的就是问鼎中原。鼎卦代表革命成功，叫定鼎，定了以后就想长长久久，没有哪个朝代不想长长久久。要想长长久久，就要有继承人，谁来当继承人呢？这就是震卦，因为震在《易经》家族里面，是长子。孔子说"五十知天命"，为什么？因为就算一个君主再能干，老天不给他一个能干的太子，他也不能保证以后怎么样。

《序卦传》说：**主器者莫若长子，故受之以震。震者动也**。当问鼎、定鼎之后，就要想到这个鼎由谁来接，所以下面就是震卦。震就是震动，长子一出生，全家人都震动，觉得这一代有望了，不会断掉。

震卦上卦是震，下卦还是震（图111-1），但是上面的震叫天雷，下面的震叫地震，即天雷地震。这是什么道理呢？因为天震是看不见的，我们只能听到声音，所以叫天雷；而地震是实实在在动的，我们都能感受得到，所以叫地震。前者是无形的，而后者是有形的。

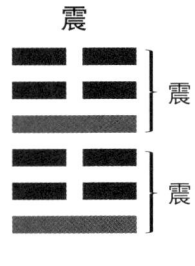

图111-1

也许有人会问，为什么不叫雷卦，而叫震卦呢？既然雷就是动，干脆卦名叫动卦好了，干吗叫震卦呢？其实我们想的动，跟这里的震差得很

远。比如行动,我们会害怕吗?如果雷一行动,叫人都害怕,那我们还敢行动吗?行动是动,很轻微的弹动也是动,但是与天雷地震比起来,根本微不足道。震是惊天动地的动,和一般的动不太一样。

我们要好好来分析一下震卦的卦辞(图111-2):震,亨。震来虩虩,笑言哑哑。震惊百里,不丧匕鬯。

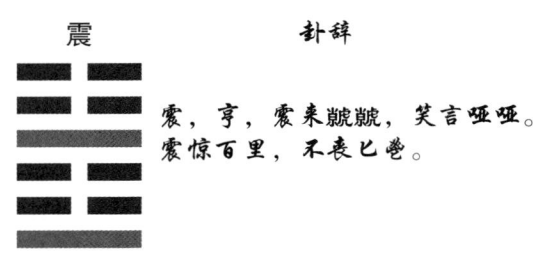

图111-2

"震,亨",震是卦名,当看到震这个卦的时候,应该想到它是使我们亨通的,所有的天灾都是让我们亨通的。

从古至今,由于自然灾害所导致的人类家破人亡、损失惨重的案例屡见不鲜。然而,面对破坏力如此巨大的自然灾害,震卦的卦辞为什么却说,所有的天灾都是为了让我们亨通呢?

卦辞接着说:震来虩虩,笑言哑哑。人,没有碰到惊天动地的事情,是不会清醒过来的。整天糊里糊涂,从早到晚忙于赚钱,到了晚上还因钱而睡不着,这样怎么会清醒呢?当一个人满脑子都被钱占据的时候,就没有任何余地去考虑什么叫人生,什么是生活。其实,我们大部分人都是这样。所以,老天就震一下,让我们知道钱没有用。比如地震了,我们是先去开保险箱,还是先逃命?我想没有人会在地震中,先跑到银行去打开保险箱,把贵重物品带走吧?

"虩虩",恐惧万分的样子。老实讲,老天不发威,人总自以为是,

第一百一十一集　奋发警醒

把它当作是可以征服的。"笑言哑哑"，就是说有了这么多被震醒的教训，我们就知道以后该怎么去预防，怎么面对，怎么保存最需要的东西。

其实，讲到保存最需要的东西，也是体现一个人价值观的时候。什么是一个人最需要的东西呢？只有到紧要关头才知道。大难来临的时候，没有人知道哪里是安全的。你往西，地震就跟着往西；你往东，台风就把你刮到海里面去，根本来不及调整。我们平常讲的怎么应变，怎么调整，到那个时候，只能束手无策、听天由命。有人说，人不能听天由命，我们只能说那是因为没有真的碰到大灾难。

慢慢地我们就知道，只有平常谨言慎行，好好修行，有足够的福气，到大灾难的时候才可能糊里糊涂跑出来，逃过一劫。若是问一个逃出灾难的人是怎么逃出来的，他只有一句真心话：我怎么知道？想都没有想就跑出来了。这就是福气。远比什么计划、可行性实验，要来得实在得多。

那么，卦辞"震来虩虩，笑言哑哑"在讲什么呢？绝不是震来的时候，恐惧害怕，震完了，就笑嘻嘻的。好比一个人被抓到，就喊救命，被放了，就海阔天空，这算什么人呢？它在告诉我们，要么不要当太子，既然当了太子，有了这个位置，就要修德。所以这两句话，完全是在讲太子的德行。别人恐惧，太子不能恐惧。地震来了，太子跑在前面，像话吗？地震过去了，太子第一个喝酒欢呼，别人还会敬重他吗？

下面两句话，更有意思：震惊百里，不丧匕鬯。如果雷打得很小，我们根本不会害怕，而响彻天宇的大雷，经常让我们感到恐惧。以前，我们以百里见方的地域作为一个诸侯国，担任领导的人称为百里侯。为什么叫百里侯呢？就是这个人讲的话，百里之内人都听得到，大家都敬重他。当然，百里侯还要有能力保住那个鼎，否则这个诸侯国就废掉了。"不丧匕鬯"，主持祭祀的太子却很镇静，手里的木匙和酒杯没有丢掉。

"震来虩虩，笑言哑哑"是讲太子的德，"震惊百里，不丧匕鬯"是讲太子的才，而震是太子的位。虽然太子有这个位子，但却不是自己争取来的，而是恰巧生在帝王家，恰巧又是第一个男的。至于以后会不会亨通，就要看太子有没有德，有没有才。所以，有其位必要有其才，有其才

更需要有其德,这样才会亨通。

> 有其位必要有其才,有其才更需要有其德,这样才会亨通。
> ——《易经》的智慧

震卦提醒我们,无论是君子治国,还是个人处世,只有做到在平时居安思危,修身修德,才能在遇到突发事故时,处之坦然,获得亨通。但是,为什么震卦的象辞却说,会由恐惧转祸为福呢?

象辞讲得更清楚:震,亨。震来虩虩,恐致福也。笑言哑哑,后有则也。震惊百里,惊远而惧迩也。出可以守宗庙社稷,以为祭主也。

"震,亨",灾难会让我们亨通。"震来虩虩",上天用各种让人害怕的自然灾变,来提出警告:不要以为自己是天子,是天底下最高的权威,就可以为所欲为,只要上天一震,照样把你震掉。所以,诸侯就学老天,也用自己的威慑,来震慑他管辖之内的人民。因此,帝王家的天威,是跟老天学的,老天用打雷、地震、水灾等方式来吓唬人类,当然最主要的是吓唬帝王。帝王心里就会想:你吓唬我,那我也学这套来吓唬老百姓。其实只要走正道,又有什么可怕的呢?

"恐",恐惧;"致福",使得一个人转祸为福。我们中国的文字是很妙的,"恐致福"就是恐惧会带来福。

震卦利用天灾来警告帝王、警醒人类:要时刻心怀恐惧,提醒自己坚守正道,才能转祸为福。那么,是不是我们只要遵循天灾警示,就能万事亨通了呢?

"笑言哑哑,后有则也",为什么在这么多天灾、这么多自然灾害面前,人类还能够讲笑话,很愉快地过日子呢?因为"后有则也",即教训

第一百一十一集　奋发警醒

还在，我们就不敢去违反法则。比如现在盖房子，都要测算一下能抗拒几级地震。否则地震来了，只能遭受更大的损失。所以，有先前的教训在，我们才会好好去做，才会遵守规矩，才不敢偷工减料，这就叫作"后有则也"。人类为什么会规规矩矩？为什么会遵守法律？为什么不敢随便违反世俗？就是因为震卦的前车之鉴。

"震惊百里，惊远而惧迩也"，雷能惊动到很远的地方。经验法则告诉我们，如果闪电过后，紧接着听到雷声，表示雷距离我们很近；如果闪电过后，半天还没听到雷声，表示这个雷距离我们很远，它对远方只是吓唬一下而已。最可怕的就是打在屋顶上的雷，又大又响，很有震慑力。所以，这里"迩"跟"远"刚好是相对的。这样我们才知道，天高皇帝远，虽然你那边雷声很大，可是距离我很远，又能把我怎么样呢？

"出可以守宗庙社稷"，既然是太子，就要明白自己的职责是什么。"出"，指皇帝出巡。皇帝有时候没有办法，不得不御驾亲征，当然在平时，偶尔也出去巡查一下民情。当皇帝出巡的时候，谁来照顾家庙呢？皇帝敢交给别人来看守吗？这样的话，说不定皇帝还没有回来，家庙就已经关门了。所以，太子的职责就是当君王出巡的时候，留守京师。

"以为祭主也"，太子是名正言顺的祖继者。所以，皇帝出巡的时候，很多典礼都是由太子主持的。当然，祖继者不是人人能当的，他有他的身份、地位、修养，而且他的一动一静，每个人都看得很清楚，如果不像样的话，大家就会很失望。所以，祖继者都非常谨慎，不敢乱动，更别说乱笑、乱讲了。

读到这里，我们应该很清楚人类为什么要敬天畏天，为什么要父严母慈。如果小孩子从小没有畏惧之心，长大以后就会天不怕地不怕。一个人天不怕地不怕的时候，老天都拿他没有办法，所以就放弃他了。想想看，做人做到老天都不管、都不理睬了，还有什么希望呢？

天灾预警只是警醒我们的一个外部因素，要想达到亨通，还需要自我修身。那么，究竟应该如何修治自身，才能真正获得亨通的结果呢？

震卦大象传说：*洊雷，震。君子以恐惧修身。*

"洊雷"，是两震相重叠的意思。如果雷打一下就没有了，大家根本不会把它当回事，但是两三个雷打下来，谁都不敢乱动了。君子看到这种自然现象，就知道恐惧修省，即把自己不好的地方，修治一下。一个人，当遭遇到惊恐的时候，才会静下心来反省自身。如果一切事情都很顺利，根本就不会去反省。

现在很多企业家就是这样，稍微有点成绩就沾沾自喜，认为自己创业很顺利，没有什么难的。只要有钱，什么问题都能解决。于是，老天就笑了，发发威力，人跑都跑不掉。这就叫"洊雷"。所以，人有恐惧感其实是好事情。任何一个卦，只要我们走正道，用得正当，都会带来很好的正面效果，反之，只能自作自受了。

> 任何一个卦，只要我们走正道，用得正当，都会带来很好的正面效果。
> ——《易经》的智慧

《易经》讲得非常清楚，天由阴阳二气所构成。二气如果相悖，就开始天震地动、台风海啸。这都是两气过分强盛，谁也不让谁所造成的恶果。但所谓的"恶果"，只不过是人的感觉而已，自然界无所谓什么恶果不恶果，因为它们都是自然现象。其实现在我们从科学的角度来看就非常清楚了，地震是地底下的能量不定期释放的结果。如果不地震，反而糟糕，因为若是积攒到某一天，这个能量足够大，以致爆发，谁也受不了。所以偶尔地震，对人类是有一定好处的。

震卦，上卦为震为雷，下卦也是震为雷。其实我们应该知道，上面的叫作天威，天威动于上；下面的是人心，人心要恐惧于下。这样，人就不敢不修身。皇帝继承人的大任，也就有所托付了，而如此培养出来的太子，也可以真正让人放心。

有一句话，现在人几乎忘记了，就是教子不严，父之过。这里只讲

第一百一十一集　奋发警醒

父,没有讲母,因为母亲常常跟小孩在一起,要养育、照顾他,不能太严厉,否则小孩就会怕她,不敢跟她讲话。而爸爸一定要让小孩有些畏惧感,这是有道理的。现在的爸爸不这样想了,他们担心自己太严厉,小孩会记恨。其实,爸爸不严,将来小孩长大后才会记恨。爸爸一严,孩子感激都来不及。

现在的人想法很奇怪,因为没有读《易经》。《易经》主张扶阳抑阴,当然有道理。震卦,一共有四个阴爻、两个阳爻,可是这两个阳爻都是很厉害的。我们想请大家想一想,这两个阳爻,哪一个是卦主,到底是九四,还是初九呢？要解决这个问题,最好把震卦的六个爻分析一下。

太子的职责,就是要从震卦里面学到很多东西,使国家、社稷能够长治久安。我们都希望长治久安,人要长治久安,国家要长治久安,自己的家庭也要长治久安。所以下一次,我们就来讲：长治久安。

易经的智慧·第一百一十二集 长治久安

突如其来的震动，总是会令我们猝不及防，并且蒙受巨大的损失。但是，震卦却说震动是正常现象，而之所以会蒙受损失，都是因为我们的能力不够。那么，我们究竟需要具备怎样的能力，才能直面震动而不受损失？震卦的六个爻，又给我们带来了哪些启示呢？

第一百一十二集　长治久安

我们还是要分析一下，震卦的卦主是哪一爻。震卦四个阴爻，两个阳爻，我们马上可以断定两个阳爻当中有一个卦主。初九是当位的，而九四是不当位的，所以卦主就是初九。

初九爻的爻辞（图112-1）说：震来虩虩，后笑言哑哑，吉。

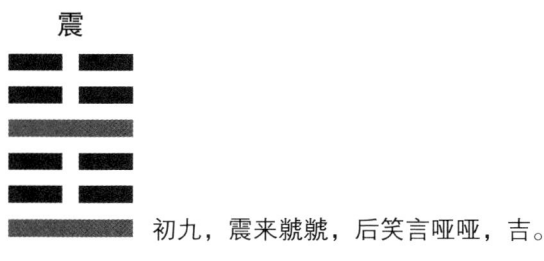
初九，震来虩虩，后笑言哑哑，吉。

图112-1

震卦的卦辞是讲亨的，告诉我们按照震卦的道理去做，自然能够亨通。初九爻辞没有讲亨，而是吉，这是什么道理呢？毕竟初九只是一个爻而已，虽然是卦主，也不能保证把全卦的精神发扬好。所以，初九爻辞用吉而不用亨。换句话说，初九一开始，就要遵照全卦的要旨来做。

"震来虩虩"，初九所处的位置刚开始能感觉到震，如果初九觉得没什么而不加在意，那么越震越怕的时候，可能就来不及采取措施了。用现在的话来讲就叫黄金时间，任何事情都有它的黄金时间，错过了，后悔都没有用。所以，人一定要谨慎小心，一刻都不能大意。爻辞在这里只讲吉祥，没有讲亨通，意思是能不能亨通，要看我们遭遇到震的时候，能不能及时随机应变。可是能不能及时随机应变，不是靠那一秒钟，不是靠那个

黄金时间,而是靠平时的认知和行为,靠平时有没有养成好的习惯。总归一句话,就是有没有时时刻刻,利用各种不同的情境来修炼自己。

所以,震卦告诉我们,对人生、对未来、对宇宙有所恐惧,而又没有别的选择的时候,只好回头修炼自己。这样我们随时随地都不会忘记,要反省,要修德。因为有这个原则,所以"后笑言哑哑"。就是慎始之后,能更周全地去顾虑各种可能发生的危险,这样就安全了,当然可以笑言哑哑。而笑言哑哑这种生活才值得,才有趣,否则整天怕东怕西,愁眉苦脸,提心吊胆,我想这些都不是我们想要的生活。

初九小象说:震来虩虩,恐致福也。笑言哑哑,后有则也。一个人有这种恐惧心,知道玩笑开不得,还是谨慎为好,因此,时时有警戒心,时时做好防备,做到心中有数,便不会常常恐慌。中国人最了不起的就是心中有数,心中有数,就能带来福分。"恐致福也",就是谨慎恐惧,会给我们带来福分。"笑言哑哑,后有则也",就是因为常常震,常常有经验,让我们得到教训,归纳出一些法则来应对。这就是我们平常讲的,经一事长一智。

卦主初九告诉我们,人类对未知一定要有相当的恐怖,但要正面去因应,尽自己的能力做好防备。事情来临的时候,要镇定,然后用最快的速度及时应变。至于能不能逃掉,就不是人能说了算的事情了,再说人也管不了这一块。

> 人类对未知一定要有相当的恐怖,但要正面去因应,尽自己的能力做好防备。
> ——《易经》的智慧

虽然我们按照初九爻的提醒,从一开始就做好准备,但还是难免会遭遇灾祸。那么,当灾难临头时,我们该如何应对,才是上上之策呢?

接着看六二爻,爻辞(图112-2)是:震来,厉;亿丧贝,跻于九

第一百一十二集　长治久安

陵。勿逐，七日得。

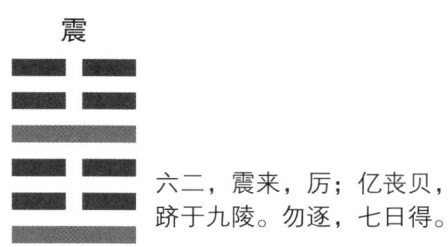

六二，震来，厉；亿丧贝，跻于九陵。勿逐，七日得。

图112-2

"来"是招来的意思，也就是招来危险。"震来，厉"，地震来的时候很猛烈，大大小小的东西都被毁坏了，我们觉得很害怕、很危险，又不知道如何是好。"亿"为感叹词，"亿丧贝"，意思是哎呀，平常当作宝贝的财产，现在当着我们的面被搞得乱七八糟，但是身处其中的人一筹莫展，根本没有本事保全它们。不管怎么样，保命要紧，只好把财产割舍掉，赶快跑到外面去。

"陵"，指比较高的地方。"九陵"，指的是深山。"跻于九陵"，其实也不一定跑到山上去，只是尽量躲到比较安全的地方。哪怕是黄金还在保险箱里，也用不着去拿了，因为现在最要紧的是保命。"勿逐"，不要去追逐了。"七日得"，七日不一定是七天，这里是告诉我们，灾难不会持续很长时间，否则人就没法活了。这时候不用着急，就算家里有很宝贵的东西，大家都在逃命，谁也没有办法去拿。等到灾难过去以后，所有人都会回到家园，到处敲敲打打，看能不能找到一点东西。所以，人只有在紧要关头，生命受到威胁的时候，才知道生命第一，可是当安定下来之后，又想着还是金钱第一。这就是人性。

六二小象写得很清楚：震来厉，乘刚也。地震不来则已，一来就很重大，很猛烈，因为乘刚。就像碰到刚烈的人，跟他硬碰硬，自己非死不可一样。所以，凡是乘刚，一般都是提醒会招来祸患，不要硬干。人怎么可能去跟天灾硬干呢？我们要用柔、用退、用守，等它过去之后再想办法，

现在逃命要紧,其他的都不要去想。

虽然震动不仅让人恐慌,还造成巨大经济损失,但是震卦的六三爻却说:震动是正常现象,有些时候之所以会灾难临头,完全是因为我们自己的能力不够。这又是为什么呢?

初九跟六二是外来的能量变动,六三以后,都在讲人内心的恐惧。所以,六三爻就是我们内心的一种害怕,而不是外面的威力。

先看六三爻的爻辞(图112-3):震苏苏,震行无眚。

图112-3

"苏苏",恐惧不安的状况。"震苏苏",在灾难中逃命的时候,人是顾不得自己的形象的,什么名牌衣服、鞋帽,通通没有用,不顾一切往前跑才有活下来的希望。"眚",指的是灾祸。"震行无眚",一个人能够自忧,能够不安,能够慎行,就没有灾难。

六三,还是没有办法担当大任。前面讲过,震卦是讲太子的,所以要"震苏苏"。作为太子,应随时知道自己是要担当大任的,但是现在还不行,因为培训还没有完成,历练还不足以应变,而且别人都不把自己当一回事,随时想把自己搞下来。"震苏苏"是因为"位不当也",即位置还没有站稳,随时可以被废掉。那什么时候才能站稳呢?就是登基,继承大统的时候。历代,太子没有登基以前,永远是位不当的,不要以为自己是长子,法定有你,而且大家都已经看上你了,就沾沾自喜,觉得皇位非自己莫属。还要看看你的才德够不够,有没有更强的竞争对手,会不会突然之间有大的变故……这就是"震苏苏",即内心要有戒备,就不会认为自己的想法是对的,这样才可以确保没有灾祸。

震卦下卦为雷,这个雷还没有打到天上去,如果上面也开始想动的话,那震的范围会更大。所以,九四是整个卦里面最凄惨的一爻。我们常常讲不三不四,其实三还好过一点,四是很难受的。

九四爻辞(图112-4)就三个字:*震遂泥*。

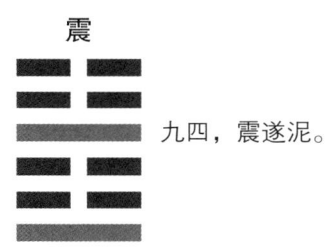

图112-4

"遂",堕落的意思。"震遂泥",堕落到陷进泥淖里面去,根本爬不出来。当一个人掉到泥淖里面,一败涂地的时候,是最坏的时期。

当我们遭遇震动,一败涂地的时候,应该立刻采取哪些对策,才能摆脱困境?震卦的上卦三爻,又会给出怎样的建议呢?

最坏的时期,也可能随时变好,所以要镇定,好好调整一下自己。九四小象说:*震遂泥,未光也*。之所以会"震遂泥",是因为"未光也"。作为太子,还没有光大祖业的表现,还没即位,老皇帝随时可以把他换掉,大臣可能一起围剿他,这个时候要记住"未光也"。这不是断定的意思,如果断定自己会被废掉,那之前的修炼就完全泡汤了。而且一天到晚担惊害怕,很难走出一条路来。所以,这里的"未光也",是勉励太子要继续奋斗下去,终有一天会有一个新的局面。再说,遭遇这么多的困

难,对自己也是有好处的,这才叫作"未光也"。现在还没有到那个表现的时期,丢点脸,犯点错,是没有关系的,而且还对自己的未来有好处。如果仅仅是因为现在犯点错就判死刑,那还有什么希望可言呢?

接着看六五,爻辞(图112-5)是:**震往来厉。亿无丧,有事。**

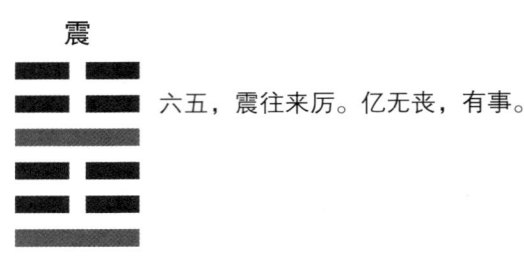

图112-5

"往",往上的意思。"震往来厉",作为太子,最好不要害怕上六,再说有什么好害怕的呢?一般而言,太子登上皇位的时候,老皇帝非死即老,还有什么为难、拿不定主意的呢?当然,还有很多国之大佬,但是如果老是害怕他们,还怎么做事呢?

"亿无丧",没有丧失任何东西,因为守忠。换句话说,只要一切合理,再两难的事都无所谓,不要管那么多,只要自己好好做,是没有损失的。但是爻辞下面还有两个字"有事",这是什么意思呢?就是说自己应该知道,可以长久把这件事情做好。你已经站稳了,只要知道自己是两难的,就会很谨慎,不会盲目听从别人,左右摇摆。再说,现在自己已经是君位了,自己要有些主张,光怕这怕那,是不能解决问题的。

六五小象说:**震往来厉,危行也。其事在中,大无丧也。**震,越往上,震得越强烈,就像地震中的高楼大厦,越往上晃得越厉害一样。处在这样的位置,最好要有自己的一套主张和办法,凡事不能左右摇摆,否则就会有凶险。

"其事在中",每件事情都追求合理,就不会错。"大无丧也",虽然现在居于尊位,但只要把重要的事情做好,把传承延续下去,让这一朝的风范在自己这里得到更好的发扬，大事情自己主持，小事情大家商量，就好了。

震卦从初九爻到六五爻，都在给我们提供直面震动的方法。但是，如果我们在谨遵震卦行事的同时，突然发现周围的人和地方遭遇到了震动，又该做何反应呢？

上六爻辞（图112-6）说：**震索索，视矍矍，征凶。震不于其躬，于其邻，无咎。婚媾有言。**

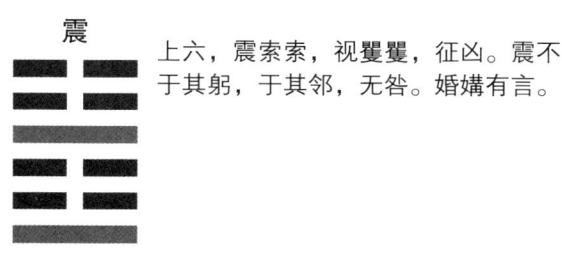

图112-6

"索索"，畏惧难行，萎缩不能够行动的意思。"震索索"，一个人的内心好像已经高度恐惧，才会行动困难。"矍矍"，东张西望，很不安的样子。"视矍矍"，当一个人内心不安的时候，眼睛会不断地东张西望，生怕有什么新的变故，有什么自己看不到的。"征凶"，这个时候再往前走的话，凶。所以，要安定下来，面对这些，好好反省一下以前的所作所为，才知道该怎样走下去。

"震不于其躬，于其邻"，这句话是什么意思？"躬"，指的是自己。意思是还没有震到自己，只是震到临近的地区。换句话说，所有的攻击都还没有针对你，但是已经开始在你附近产生了。那么，为什么"无咎"呢？想想看，太子继位以后，最担心的就是那些老臣，而老臣也是同样的心理。以前太子小的时候，被他们教训过，新皇帝现在记不记仇？以

前太子有很多意见,要他们转达给老皇帝,他们没有做,新皇帝现在会不会算账?新皇帝最近跟谁来往密切,是不是故意冷落他们……因此,那些老臣可能采取一些措施来试探新皇帝。在这个时候,新皇帝不要乱动,不要急于拉关系,谋求事情,看清楚再说,要学会从新的变动出发,采取合适的因应方式,才会无咎。如果盲目乱动,动错了,就会"婚媾有言",即闲言碎语一大堆,这样还是"征凶"。千万记住,一动不如一静。

小象说得很清楚:*震索索,未得中也。虽凶无咎,畏邻戒也。*"震索索,未得中也",上六位于震卦的最上面,又没有处中,找不到合理点,顾虑太多。"虽凶无咎",虽然很凶险,但只要能够稳得住,先看情况,不盲目乱动,不急于采取行动,就没有后遗症。"畏邻戒也",要看看邻近地区所发生的事情,看看以前老同事的遭遇,然后引以为戒。就好像日本的核电厂,一发生灾难,所有的国家都提高警觉,这是好事情。不能说人家那边发生灾难,我们觉得离自己很远,就幸灾乐祸,这是不对的。

不管是谁,就算平常跟我们有仇,当发生了天灾时,我们都要把那些事通通忘掉,能提供帮助的就尽力去帮助。但是要记住吸取他的教训,所以我们去救灾,不完全是付出,也是另一种学习。将来若是发生在自己身上,也知道怎么去预防和应对,因为所有的付出都不是白付的。

震卦告诉我们,人对未知是心怀恐惧感的,因为不了解状况。但是老是恐惧也不是办法,最好要找到一套可以在危险、变动当中安心过日子的办法,所以,震卦之后就是艮卦。接下来,我们就来讲:大忧大定。

易经的智慧·第一百一十三集　大忧大定

现代社会，科技迅猛发展，经济日益腾飞，人们的生活节奏也在不断加快。为了赶上时代的步伐，创造更多的财富，人们不得不在忧患中加快行动的脚步。然而很多人，最后却因此而疲惫不堪，甚至无法获得内心的安宁。《易经》艮卦所蕴含的道理，却能将这些问题一一化解。那么，艮卦究竟向人们提供了哪些克服忧患、提升幸福感的方法呢？

第一百一十三集　大忧大定

艮卦跟震卦互为综卦（图113-1），表示这两件事情是一体两面的。外面震动，我们心里头也会震动。怎么震动呢？就是害怕，然后就开始修炼自己。这样就产生了各式各样的宗教。但是，我们并没有说有了《易经》的这两个卦，我们就必须要有宗教信仰，因为要不要通过宗教信仰来修行，每一个人都有不同的选择。我们把艮卦讲完了以后，大家再去想一想自己该怎么去做。

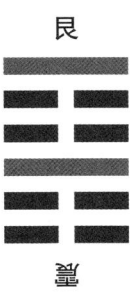

图113-1

当然，一个"震"字，不足以把震卦的全部道理都涵盖在里面。同样，"艮"这个字，也没有办法把艮卦的精髓通通表现出来。因为语言文字有它本身的局限性。艮卦，是两座山，下面一座山，上面一座山。那为什么不叫山卦呢？因为山太具象了，只能代表一座一座的山，这不是艮卦所要说的事情。那么，艮是什么意思呢？

第一个，艮是狠的意思。我多次说过，当老板的，眼光要看得准，脚步要站得稳，还要狠下心来，这都是从艮卦得来的启发。"艮"怎么会跟

"狠"扯在一起呢？当我们看到一座山的时候，都会由衷感慨它的壮美，想着登上去还可以看得更远，于是就往上爬，我们都没有跟自己的身体商量过，也没有问问自己是否吃得消，爬上去以后怎么下来……这些都不想，狠下心就往上爬了。也有人只是欣赏，而不爬，这更加狠，为什么？因为这样就会丧失很多乐趣。大家不要小看《易经》这样扯来扯去，其实都是经过深层考虑才决定用某个字的。

第二个，艮是止，但是不完全是止。现在的人最清楚，我们最大的毛病就是能震不能艮，知动不知静。一静下来就觉得浑身不自在，只要没事就想着赶快找事做。这种人品德怎么会好呢？他都没有时间修养自己的品德。那么，修行从哪里开始呢？从底下开始。

艮卦整个就是按照人体来安排各个爻的。初六爻，是人的脚指头，因为人起心动念，都是从脚指头开始的。六二爻，是人的小腿。想想看，小腿是跟着大腿走，还是会去限制它呢？艮，跟"限"也有关联。小腿能把我们的大腿限制住，不让它动。九三爻是最麻烦的，九三，就是人的心。人的心，一念未完，一念又起，刹那之间，就会有很多的心事，其实这不过是在找自己的麻烦而已。大家可以看到，艮卦下卦，都是在讲我们的腹部以下。就腹部以下而言，人跟动物是差不多的。所以，如果一个人不能跑到上卦来，那这一辈子就谈不上什么修行了。

接着进入到上卦。六四爻是人的身体，五脏六腑都在这里。六五爻是人的嘴巴，什么都好修，就是嘴巴最难修。心好，没有人知道，而嘴巴坏，全世界都知道。口德难修，其他方面的业都可以减少，而口业一天不晓得要增加多少。上九爻就是人的大脑，什么时候能修到大脑条理分明，便能开心喜悦，无忧无虑，这就是最好的修行。

《序卦传》说：**物不可以终动，止之，故受之以艮**。"物不可以终动"，天底下没有一样东西是可以不停地动的。老子讲得最清楚：飘风不终朝，骤雨不终日。狂风和骤雨，来得越猛，去得越快。"止之"，不管怎么动，最后都会慢慢停下来。道理其实很简单，人动久了会疲倦，轮子动起来以后，因为与地面有摩擦力，也会慢慢减速，直到最后停下来。

第一百一十三集　大忧大定

"故受之以艮"，艮跟震，是连在一起的。动，自己会静，动一段时间，就想静下来。所以，我们不能把艮简单地解释成停止。最好的办法是去想象风雨中的宁静，那才是真正艮的境界。外面的世界无时无刻不在变动，什么时候我们的心不动了，就会感觉到外面的风风雨雨，其实无比宁静。

震卦与艮卦互为综卦，如果说前者是震动警醒，后者则是动中能静。现代人普遍缺乏的，就是一种身处闹市而心如止水的境界。那么，现代人为什么会难以静下心来？通过研究艮卦的卦辞，人们又能从中得到怎样的启发呢？

艮卦卦辞（图113-2）说：**艮其背，不获其身；行其庭，不见其人。无咎。**

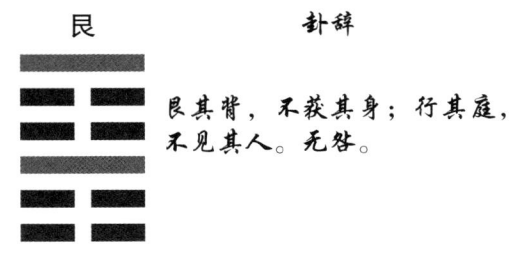

图113-2

"背"，指的是人的后面。大家想想看，前面的身体重要，还是后面的背重要呢？有人说当然前面的身体重要。可是没有背，人前面的身体怎么能支撑得住呢？

艮卦的卦辞很妙，它首先告诉我们"艮其背"。如果我们只看到一个人的背，就很难猜测这个人现在的状况怎么样。平常我们看一个人的时候，总是盯着他的眼睛，因为眼睛有表情，会透露很多信息。然后，我们就会猜对方在想什么，他是好意还是坏意……现在一个人背对着我们，我们完全摸不清他的底细，猜也没有用，也猜不出来。

"不获其身",只看到他的背面,而看不到前面的时候,就忘我了,就不太会影响到自己。人与人之间是一面镜子,每个人的表情可能都是由对方引起的。他对你生气,你也不会给他好脸色,我们看到的事实就是这样的。中国人常讲:"我喜欢生气都是他惹的,他不惹我我会生气吗?"其实这也是有一定道理的。所以,"艮其背,不获其身",只看到他的背,就不会有这些情绪的起伏变化。

"行其庭,不见其人",这怎么可能呢?都在同一个庭院里面走动,怎么能看不到呢?讲到这里我们就知道了,他们是背对背的。背对背,一东一西,就算在同一个庭院里边,也看不到对方是什么样子的。有人说我不可以偷瞄一下那个人吗?当然可以。但是,艮卦告诉我们,人要止的时候,就不要去看那些会让自己激动、起心动念的东西。其实卦辞在这里的用意是告诉我们如何才能做到"无咎",即两个字:静坐。一个人闭目静坐,才能够真正地忘我,就算别人在他面前瞪着他,或者微笑,他都不会受到影响。

我们说人只要有这个身体,就不免起心动念,欲望一来,很难招架得住。而欲望是没完没了的,所以人会得寸进尺,贪念无止。而为了满足自己的贪念,无所不用其极,会偷、会抢、会做假账、会侵占……所谓贪,就是去侵犯别人的东西。那么,要止贪,有什么办法呢?天天念佛有用吗?早上烧香,上班照样做假账,回来顺便偷点公家的东西,这样的人太多了。所以,要止贪,必须止欲。欲在哪里?我们的心里。

艮卦六爻,没有两两相应的,初六是阴爻,六四也是阴爻,不相应;六二是阴爻,六五也是阴爻,不相应;九三是阳爻,偏偏上九也是阳爻,不相应。这表示很多人在一起,各想各的。再说,凭什么要求别人完全配合我们?所以,每个人必须修己,只有止欲自修才是最可靠的。除此,没有别的更好的路可走。

古语道:"海纳百川,有容乃大;壁立千仞,无欲则刚。"人们身处在这个科技日新月异、经济迅猛腾飞的现代社会,学会"止欲而修己",

第一百一十三集 大忧大定

才不至于误入歧途、招致祸患。然而,任何事情都不是一成不变的,有时该动还得动,该出手时就得出手。那么,根据艮卦的道理,人们对于何时动何时静,又该如何把握呢?

艮卦象辞说:艮,止也。时止则止,时行则行,动静不失其时,其道光明。艮其止,止其所也。上下敌应,不相与也。是以不获其身,行其庭,不见其人,无咎也。

象辞讲得很清楚:艮,止也。这个止不是禁止,也不是永久不变。后面接着解释说,"时止则止,时行则行",应该止的时候,一定要止;应该动的时候,也不能不动。就好像一个人,不该他讲话的时候,如果他讲了,所有人的脸色都会很难看。人们认为轮不到他讲话,就算他讲得再好,也是废话,也是浪费人们的时间。如果该他讲话时,他又不讲,所有的人也会很气愤,认为他不识抬举,或者看不起别人。所以,一切都是时,时一到,不做不行;时未到,徒劳无功。《易经》每次讲"时之义大矣哉",就是告诉我们一切都要看那个时,随时而动。时间不会配合我们,我们要全面去配合时间。

 时一到,不做不行;时未到,徒劳无功。
——《易经》的智慧

"动静不失其时",就是说我们走路的时候,就是该走路的时候;我们静坐的时候,就是该静坐的时候。我在国外,看到有些外国人中午在慢跑,就觉得很奇怪。子时跟午时,人应该静,应该躺在床上,所以午休是很好的习惯。不要因为自己不午休,就骂人家中午睡觉耽误下午做事情,说什么外国人不午休、效率高之类的话。难道外国人不午休,我们就不能午休了吗?难道外国人中午在那儿跑,我们就跟着在那儿跑吗?要知道,时不对,所做的事情是有害的。人要跟时辰相配合,我们中国人向来重视

时辰，因为每一个时辰，都有不同的安排。比如，一天当中，早晨七点钟大便最好，因为这个时候，"时"正好走到大肠的位置。如果不在这个时候做这件事情，就很容易把自己身体的秩序弄乱。

"其道光明"，光明在这里指的是通达情理，明白道理，就会越走越光明，而不是越走越黑暗。一个人身体好，心里宁静，知道什么时候该动，什么时候该静，就不会吃亏，心情喜悦，前途自然光明。

"艮其止"，是用来解释"艮其背"的。大体来说，一个人的身体前面叫作阳，后面叫作阴，阳是比较喜动的，阴是比较喜静的。比如人生气的时候，前面会起伏，而背不会。所以从背后很难看出一个人的情绪，但是从前面看就很容易。"艮其止"，就是说如果只看他的背面，也就是相对不动的那一面，就不会影响到我们自己。

"所"，指的是所要的东西。"止其所也"，我们所要的东西跟动是有关系的，因为哪里动，我们的眼睛就会看向哪里，停在哪里。不会这里动，我们却往相反的方向看。

"上下敌应"，就是上下同性相斥。"不相与也"，就是没有相配合的。前面已经讲过了，艮卦六个爻，两两各不相应。

"是以不获其身，行其庭，不见其人"，只要一个人看不到自己想看的东西，就会慢慢地消除那种欲望，好比同在一个庭院里面，看不到他的身体，就等于看不到这个人。看不到这个人，就慢慢忘我了，不知道自己有什么要求。这样的话，就"无咎"，就不会起心动念，一贪再贪。

其实人就是因为贪，所以老上当。一个人如果不贪，谁拿他也没办法。老子说：不见可欲，使民心不乱。没有看到什么想要的东西，心就不会乱。现在不是，通通展示给大家看，生怕大家看不见。一买买几十个玩具给小孩，生怕他心不乱。小孩心乱了不好好读书，父母又骂他，其实都是我们自己造成的。

人有两种，一种是能不见就不见，这种人不得了。另一种是非见不可，这就是自寻死路。可是我们现在都是鼓动大家，自找死路。可见，教育的方向是错误的。有一句话，叫作哀莫大于心死。一个人心死了以后，

第一百一十三集 大忧大定

就会因循苟且，意志低迷，懒惰，不求上进，做坏事都感觉不到什么。这个时候，我们要"震"他，让他振作起来。一年四季，春夏秋都在震，都在动，但到了冬天就要艮。以一个冬天的静，来支持三个季节的动。一句话：休息，才能够走更远的路。

春生、夏长、秋收、冬藏，大自然以四季的变化，向人们昭示着万事万物的动静之理，这也反映出了《易经》艮卦象辞所讲的"动静不失其时"的含义。艮卦象辞说："艮，止也。"那么，止与静究竟有着怎样的关系？儒家经典《大学》对此又做出了怎样的阐释呢？

一个人，能屈才能够伸。那么静，要静到什么地步呢？我们没有用静，而是用止。止是什么？静到像山一样。山不动，人就不动。其实山也在动，但是最起码它是所有东西中最不动的。军令如山，谁能够撼动？不动如山，你能把我怎么样？这都是我们常讲的话，但是却没有好好地运用到生活当中。

《大学》里面有一段话，跟艮卦联系在一起更好理解：知止而后有定，定而后能静，静而后能安，安而后能虑，虑而后能得。一个人有没有定力，就看他能不能静下来。有人说我很静啊，那我就要问，你静到什么地步，静到什么程度？你也许是装的，只静个两分钟而已。小孩大概只能静两分钟，就开始动了，因为他小，也没有修养。如果大人也像小孩一样，整天都在动，那这一辈子能做什么事呢？大家自己去想想。

"知止而后有定，定而后能静"，一个人要静下来很难。拿打坐来说，有几个人能坐得住？一打坐，没有准备好；再打坐，电话响了；又坐，小便急了，该上厕所了……这样，能坐得住才怪？所以，静，是很不容易的。有人说要外面静，自己才能静，这样的话永远都不可能静。就算跑到深山里面，还有鸟叫虫鸣呢。所以，真正的静，是一个人的心静，而不是外界的静。

 真正的静,是一个人的心静,而不是外界的静。
——《易经》的智慧

"静而后能安",安,也很不容易做到。一个人自己都安顿不下来,怎么去安顿别人呢?比如老板很浮躁,干部能安顿得下来吗?表面上他是在工作,心里想的却是老板对自己满不满意,这样根本没有办法安心工作。

"安而后能虑",必须安,才有办法考虑得周全。"虑"字,是不是因为笔画太多了,我们现在几乎都不讲了,而是用"思考"代替了"思虑"?刚开始我不能接受,后来也接受了。因为现在的人不打自招,根本没有心,还怎么虑呢?我们只不过是"考"而已。考人家,考自己,考到每个人都焦头烂额。

"虑而后能得",必须想得很透彻,摸得很清楚,才有办法"得"。这个得就是寻道有得。当然这一部分,老子讲得比较清楚,以后有机会,我们再详细讲解。孔明《诫子书》中有一句话,叫作"非宁静无以致远"。一个人有长远的目标,若是静不下来,就永远达不到。路远看起来都是平坦的,走近之后才发现原来是曲折的。山远看很矮,貌似很容易爬到顶,走近了才知道一山更比一山高。

所以现在,有的人说要征服某座山,我觉得这种人太狠了,你征服得了吗?你死了,山还在。多少想要征服山的人,最后都死在了山上。当然,我们不反对大家登山,只是很多人在山上迷路,还得花费大量的人力物力来救援,这不是浪费社会成本吗?如果不救,大家又觉得这个社会见死不救,太没有人情味了。所以,这些人的做法就是太狠了,不仅对自己狠,对别人也狠。

老子说:夫唯不争,故天下莫能与之争。一个人不争,就没有人与他争。人会狠,就是因为身上有动物性,把这个动物性去掉,然后就变成艮,艮再加上上面一点,就叫作良(图113-3),最后,脑袋一清楚,便会良心发现。良心在哪里?就在我们的背上,所以我们看不见。修行,其

第一百一十三集 大忧大定

实就是把良心从背后拿到前面来，就这么简单而已。

$$狠 \rightarrow 艮 \rightarrow 良$$

图113-3

人，老想看到自己想看的东西，这是不对的，因为眼睛是会害我们的。把人的欲望引发出来，起作用最大的就是眼睛。五光十色、眼花缭乱，搞得人心起伏不定，不能安心做事，都源自于眼睛的迷惑。那么，怎么样才能克服呢？孟子说"君子远庖厨"。这是什么道理呢？就是君子到厨房一看，白菜没洗就炒了，盘子脏兮兮的……这样的饭怎么能吃呢？所以还是不要看的好。中国人告诉我们，眼不见为净。这样我们就知道，原来什么都是不干净的。这就是《易经》。

中华文化博大而精深，作为群经之始的《易经》，对中国汉字的演变，也有着极其深远的影响。正所谓：一字一太极。一个艮字，竟能反映出人从动物性向人性修炼的过程。众所周知，在《易经》中，艮卦的卦象为山，那么，人们为什么要把这个山，来作为人生修炼的一个象呢？

我们之所以要把山当成修炼的一个象，就是希望有一天，能够做到泰山崩于前，而色不改。艮卦大象传说：*兼山，艮。君子以思不出其位*。震卦用"洊雷"，艮卦用"兼山"，"洊"跟"兼"都是重、叠的意思，但又各有所不同。"洊雷"，是说打一个雷不够，一定要好几个加起来，人家才会感到恐惧害怕。"兼山"，是说山外有山，爬上了这座山，还有下一座山，连绵起伏，好像没有穷尽。这个时候登山者心里就会起变化，觉得还是不要再爬了。

"君子以思不出其位"，君子看到这种情况，就知道要守分，要尽责任，该做的才去做，不该做的就不要做。要知道，人不守本分，最后只会累死自己，害死别人。因为每个人所能做的事情，是很有限的，什么都要

做，往往什么都做不好。

我们可以设定一个目标，甚至目标可以大一点，因为我们自己也不知道自己的限度是多少。但不是设定了目标，就要全力以赴，不成功便成仁。如果大家都这样，整个社会就乱掉了。所以，只能说有目标是很好的，但是最后能完成多少，就算多少。人生本来就是这样，活到什么时候算什么时候，做到什么地步算什么地步，这才是孔子所讲的"知天命"。我没有放弃，对得起自己，也对得起朋友，可实在是时不我与，阻碍太大，那我走到哪里就算哪里，孔子一生也是这样的。有人说，孔子没有完成他的目标。但从另一方面来看，他完成了更大的目标。他只是活着的时候没有完成而已，死后完成的那些，甚至超越了当时的目标，后来没有一个人赶得上。所以，什么是成，什么是败，也许要经过看山是山、看山不是山、看山就是山三个阶段，才能更加清楚。

艮卦告诉我们要"止其所止"，其实不完全是这样的。《大学》里的"止于至善"，才是艮卦真正的精神。但是很多人看到"止于至善"，就解释为要找到最好的，认为至善就是最好的。至善怎么是最好的呢？为了避免引起误会，我们不敢用止于至善，只好说"止其所止"，即止在合适的地方。其实，至善是最合理的，而不是最好的。接下来，我们就来讲：止其所止。

易经的智慧·第一百一十四集

止其所止

在《易经》里面，艮卦代表着人的修行。通过研究艮卦，人们可以知道，在人生的道路上，只有学会"止欲而修己"，才不至于误入歧途、招致祸患；只有懂得"动静不失其时"，才能既不错失良机，又能够适可而止。那么，我们究竟需要怎样去实践自身的修行，才能使人生顺畅充实而无所遗憾呢？艮卦的每一爻，又给我们带来了怎样的启示呢？

第一百一十四集　止其所止

《易经》里面有八个基本卦：乾、坤、坎、离、震、艮、巽、兑。我们把它们叫作八纯卦。在六十四卦里面，只有这八个卦，是自己跟自己叠起来，而没有跟其他的卦配合在一起。八个纯卦，两两相对应的爻都是不相应的，即初爻跟四爻、二爻跟五爻、三爻跟上爻，都是相同性质的。但是只有艮卦，在八个纯卦里面，是无咎的。这样我们就知道，修行对人生是多么的重要。

艮卦六爻，是根据我们身体的六个部位来安排爻位的，接下来我们就要好好来分析一下六爻所讲的各是什么，然后对照自身，好好去体会一下，找到修己的办法。

我们先从初六爻开始，爻辞（图114-1）是：艮其趾，无咎，利永贞。

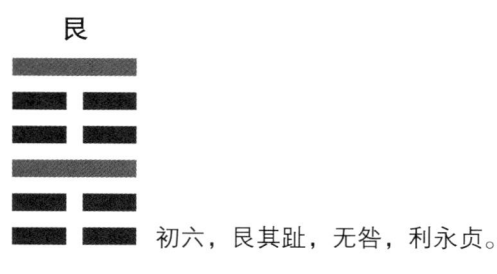

图114-1

"趾"，指脚指头。"艮其趾"，一个人想有所行动，都是脚指头先动，脚指头控制住，就不会动了。否则，脚指头一动，小腿就跟着动，进而大腿一起动，全身都动了。所以不要小看那个脚指头，它是非常重要的。"艮其趾，无咎"，如果能够及时地把想动的脚指头控制住，不让它动，就没有后遗症，因为后面想动的部分跟着都停下来了。但是要做到下

面三个字,即"利永贞",是比较难的。刚开始要控制是比较容易的,可是脚指头常常动,最后就止不住了。这是什么意思?刚开始养成坏习惯的时候,马上就改,还比较容易。改了一次又养成了坏习惯,改的难度就增加一点,次数越多,就越难改。"利永贞"是说,要止邪,一开始是比较容易的,可是次数多了,就越来越难。

比如抽烟,抽了一次,知道不好,说改就改了。这时候显得很有魄力,其实就是狠,可是不狠又改不了。过了三年又抽了,这次再要改就没有上次那么容易了。戒的次数越多,越难戒掉,这是每个吸烟的人深有体会的。在吸烟、戒烟的过程当中,一个人可以去体会为什么初六"艮其趾,无咎",下面会是"利永贞"。永远要保持这种好的、能够及时停止的习惯,才会无咎,否则就越来越麻烦。

初六小象说:艮其趾,未失正也。在起心动念的时候,一个人能够马上去掉邪的,保持住正的,就没有违反正道。人,只要没有违反正道,就是保持正道了。所以,从初六,我们应该体会到一件事情,就是人很奇怪,但是说起来也不奇怪。这是什么意思呢?人人都有偏道的倾向,我们不可能从来不动坏念头,那是与生俱来的。因为一阴一阳之谓道,有正就有偏。走偏了,给一个机会,只要能够修正过来还是很好的。我们把它拉过来,它又偏出去,又拉过来,再偏到另一边,再拉进来,不断地导正,然后慢慢就会变成习惯。这是第一爻告诉我们的。

一个人要修行,先从自己的起心动念开始。若能抑制得住起心动念,能够让它由偏而正,那就了不起。对于小孩子,做父母的要经常告诉他不能这样,不能那样,因为小孩自己搞不清楚对错,所以大人就要帮助他,这就是"艮其趾"。在小孩还小,父母还管得住他的时候,要帮助他走正道,否则一旦养成坏习惯,再来改,全家都痛苦。

 一个人要修行,先从自己的起心动念开始。
——《易经》的智慧

第一百一十四集　止其所止

当一个人起心动念的时候，一定要懂得祛邪扶正的道理，将好习惯保持下来，将坏习惯消灭在雏形阶段。否则，就会陷入艮卦六二爻所代表的那种境地。那么，六二这一爻，又给人们哪些警示呢？

六二爻辞（图114-2）是：**艮其腓，不拯其随，其心不快**。

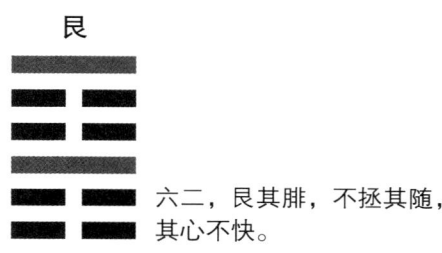

图114-2

"腓"，指小腿。"艮其腓"，小腿很为难，它不知道要听九三的，还是要听初六的。这不难解释。六二跟初六比较接近，而且都是阴爻，可是上面有一个阳爻，连初六都会去听那个阳爻的，难道六二不听吗？所以，"艮其腓"告诉我们，六二体弱，它只会跟着别人走。想想看，小腿要么跟着大腿动，要么跟着脚指头动。

六二当位，本身又是柔的。照理说，它应该去跟第五爻相应，可是六五也是柔的，所以它便就近听九三的指挥。初六爻主要告诉我们，如果人手够，一开始就要把事情控制好。虽然有想法，但还没有真正行动的话，是没有后遗症的。因为初六的行为表现，并没有违反正道。但是六二爻就没有那么简单了。六二爻告诉我们，小腿已经动了，表示初六爻虽然控制得住脚指头，但没有功效。脚指头控制不了，它一动，小腿跟着动的时候，表示已经有动作了。这个时候让六二再来制止它，那六二到底是听九三的，还是跟着初六走？这就有点为难了。因为初六已经动了，六二跟它脱离不了关系，而这时候九三说"不能动"，因此，六二很为难。但人毕竟不是机器，很难承受上面的指令，所以爻辞才说"艮其腓"，小腿已

经动了。

"不拯其随","随"是什么意思？我随人家叫随，人家随我还叫随。随心叫随，随小指头还叫随。"拯"是向上的，六二没有办法承受九三的指挥，心已经控制不住了，所以才"其心不快"，自己也搞得很不舒服。

六二本来不想做，可还是做了，最后又变成了事实。其实我们常有这种状况。比如一个人已经戒烟了，人家给他一支烟，刚开始他一定说不要，人家说没关系，抽根吧。一来一往，他本来不想抽、不能抽，可是又放不下，最后还是抽了，搞得心里非常不愉快，戒了半天，又成空了。这就是六二爻，因为它体柔，没有办法自主。

六二既居中又当位，可是在整个艮卦里面反而感觉很为难。所以，同样接受九三的制约，六二比较艰难，而初六就轻松愉快得多。意思是说，坏习惯形成以后再要改，就比刚开始改困难得多。

六二小象说：**不拯其随，未退听也**。"未退听"，是说六二明明知道一定要听九三的话，却不得不退而听初六的话。就艮卦来讲，下卦是两个阴爻一个阳爻，表示这两个阴爻都应该听这个阳爻的话，因为九三是艮卦的主爻。因此，我们可以这么想，小象说"不拯其随，未退听也"，当中省掉了四个字，就是"其心不快"。但是，我们没有必要加进去，能省则省。大家一看就知道，六二不听九三的话，导致心情不愉快。但它又没有办法听九三的，因为六二很软弱，控制不了自己，所以就往下随着初六去动了。

一个人如果要戒除坏习惯，必须要有明确的目标和坚决的态度，绝不能朝令夕改、反复无常，否则会使自己陷入更加艰难的境地。因此，这个人就需要狠下心来，下定决心。而艮卦的九三爻，代表的就是人的内心，那么这一爻又会告诉我们些什么呢？

九三爻辞（图114-3）是：**艮其限，列其夤，厉薰心**。

第一百一十四集　止其所止

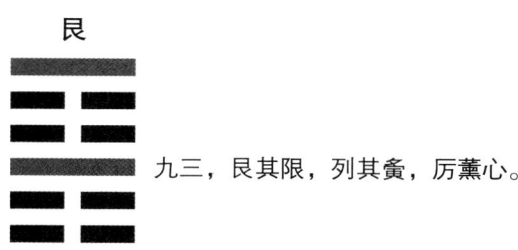

图114-3

九三，是止其所止。九三的责任，就是能够在初六小脚趾动的时候，让它停下来，在六二小腿动的时候，也让它停下来。

"艮其限"，就是九三正好处于上卦和下卦的界限位置。"夤"，脊背上的肉。"列其夤"，九三实在很痛苦，因为它发号施令，别人不一定听，可是不发号施令又有愧于职责，所以它辛苦得连脊背骨的肉都好像裂开一样。"薰心"，好像火在烤心一样。我们常常讲，"哎呀，气得好像焦心一样"，就是这个意思。这里加上一个"厉"字，表示更加严重，更有威力。

九三，代表的是人的心，其实讲起来是腰部。我们说气，沿着血脉，不管从下往上，还是从上往下，都要经过腰部。所以，腰部的血脉要通畅。可是现在却被阻塞了，阻塞以后，气血流动不再顺畅，在这里表示指挥不灵光。比如，九三叫六二听自己的，它明明也应该听的，可是后来又不听了，因为初六已经动了，止不住。所以，九三才会"厉薰心"。

九三小象说：艮其限，危薰心也。九三处于上下交界的地方，上下沟通不良，所以很焦急，好像心被火在烧烤一样。

六四以后，我们可以看到，六四、六五，都接受上九的规划。艮卦两山重叠，是说下面这个阶段，要听心的要求，而上面那个阶段，心不见了，如果我们还时时刻刻用心规范自己，就是修得不够。心是对下面这一部分，处于这个阶段，时时刻刻都要用心，但若是永远在用心，就表示我们始终在艮卦的下面，而没有能力走到上面。如果把下艮修得差不多，那

我们的心就可以控制自己的行动。换句话说,我们随时随地可以用自己的理智来指导感情,那么我们马上就可以做一个适当的安顿。这是很不容易的。关键就是,一开始就要赶快下手,不能等养成习惯再来改,否则越来越困难,就很容易放弃,这样只会越来越糟糕,再用心都没有用。所以九三爻辞才会告诉我们"厉薰心",即心很焦急,但效果不彰。

人们只有随时随地用自己的理智来指导自己的行为,养成良好的习惯,一有错误马上修正,才不至于偏离正确的人生轨道。然而,面对外界的诸多诱惑,人心难免会有所动摇,当处于这种境况的时候,我们又能从艮卦中得到哪些指导呢?

六四爻的爻辞(114-4)是:**艮其身,无咎。**

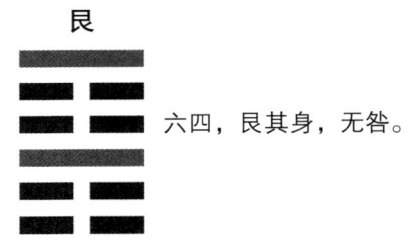

图114-4

"艮其身",我们只能管住自身,而无法管住别人。比如一个人要戒烟了,就跟大家说不要在他面前吸烟,也不能让他闻到烟味、看见香烟。这能做得到吗?他越这样讲,别人越是要这样做给他看。所以,我们所能控制的只有自己,根本没有办法控制别的人。想想看,我们一直讲的是要修己,从来没有讲要修别人。怎样修呢?就是要用自己的心,来修自己的身,既能适应环境,又不至于受到外界的引诱和影响,这样才能"无咎"。但是,爻辞说的"无咎"是有限制的,即仅仅对自己的身是无咎的,其他还是有咎的。

第一百一十四集　止其所止

要用自己的心,来修自己的身,既能适应环境,又不至于受到外界的引诱和影响。
——《易经》的智慧

六四小象解释得很清楚:**艮其身,止诸躬也**。这是就一个人自己的身体而言的。"艮其身",一个人充其量只能管住自身,这叫独善其身。可独善其身是不够的,我们还要跟别人互动,很可能受别人的诱惑,又管不住自己了。

拿佛教来举例。一个人要出家的话,一定得研究一下艮卦,要够狠,否则斩断一切情缘出家,谈何容易?因此,必须忍受,要狠,穿上和尚的衣服,从此不回头。但是很多人根本控制不住,没几个月就还俗了,那又何必当初呢?

六四没有吉,只有"无咎",这是什么道理呢?因为我们管来管去,只能够管自己,但就算这样,还是避免不了别人的诱惑。哪怕躲到深山里面,天天游客那么多,也还是会给我们制造很多问题。"止诸躬",就表示我们可以管住自己,但还没有办法去安人。所以在修己这方面,是无咎的,而继续走下去,很可能就有咎,因为在安人方面并没有做到。当然,这应该是下一阶段要完成的事情。因此,在这里,"身"就代表我们自己。所以小象讲的"艮其身,止诸躬也",是就我们自己这个身体而言的。

俗话说"近朱者赤,近墨者黑",环境对人的影响不容小觑。如果一个人身处恶劣环境,面对着诸多诱惑,却能够不受影响而独善其身,这自然是一件可喜的事情。但是,只有个人的独善,而没有众人、大环境的改变,这个人的路也不会一直走得顺畅,正所谓穷则独善其身,达则兼济天下。这个人还需要承担起领导者的角色,号令众人,一起去改变。那么,代表着领导者的六五爻,又会给人们哪些必要的提醒呢?

接下来,我们就进入六五爻。六五是君位,大家都知道,帝王是动口不动手的，他只要发号施令就好了，什么事情都是别人去做。所以，六五的爻辞（图114-5）写得非常明确：艮其辅，言有序，悔亡。

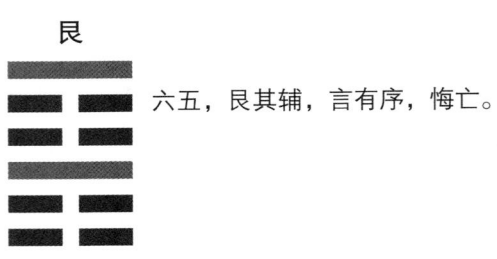

六五，艮其辅，言有序，悔亡。

图114-5

"辅"，嘴巴。"艮其辅"，六五只需要说就好了，别人会负责去执行。"言有序"，讲话要很合理，不能一会儿这样，一会儿那样，否则别人就不知道如何是好。"悔亡"，所有的悔，会一个一个消失掉。为什么？六五是不当位的，不当位经常有悔，但是六五明白自己的功能是在嘴巴上，所以很严厉地把自己的嘴巴管好，不该讲的话，一句都不多讲，该讲的话，讲得很及时、很得体，大家都听得进去，这样就"悔亡"了。

自古至今，我们常讲一句话，祸从口出。所有的祸患，都是从嘴巴出来的。我们还有一句话，宁可多吃饭，不要多讲话。所以慎言，一直是我们非常重视的一种修养。

六五小象特别告诉我们：艮其辅，以中正也。六五既然是上卦的中位，就要记住"合理"这两个字。六五的行为一定是正直的，非理不言，如果开口乱讲，别人对自己的信任就开始大打折扣，甚至降低自己的向心力。这样下去，最后吃亏的还是六五自己。

作为领导者，只有在适当的时候说合理的话，才能保持住自己的威望和号召力；作为普通人，只有小心说话，避免祸从口出，才不至于得罪别人，甚至害人害己。古语道："君子谨于言而慎于行。"一个人，自我修炼的好坏，通过"察其言观其行"便可一目了然。而作为艮卦卦主的上九

第一百一十四集　止其所止

爻,就堪称君子的典范。那么这一爻所展现的,究竟是一种怎样的境界呢?

整个艮卦最要紧的,其实是上九,因为它是艮卦的卦主,又高又厚,可以控制一切。正如爻辞(图114-6)所说:敦艮,吉。

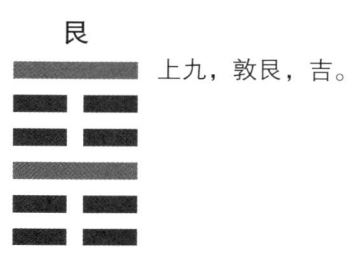

图114-6

"敦艮",就是说当有一天我们修到这个境界,就能够不费一点点心力,让不该做的事停止。所以,爻辞出现了一个字:吉。

我们从初六看过来,初六虽说"无咎",但要"利永贞",还是有条件的。六二根本就是"其心不快"了。九三"厉薰心"。六四"无咎",也只是说在独善其身这一部分是无咎的,而安人那一部分还是有欠缺的。六五,只是"悔亡"而已。全卦只有上九有"吉"这个字,表示上九已经可以随心所欲了,修到一起心动念就是正的,一起心动念就没有邪的,一切都是正向的,完全没有偏的。这是很不容易的。

上九小象说:敦艮之吉,以厚终也。"厚终",是艮卦的一个过程。刚开始起心动念,马上管住,从而走上正道,又能够坚持,一关一关地通过。这里面有小腿要动的,有心在里面挣扎的,有整个身体受到外界引诱的,还有嘴巴控制不了乱说话的,每一关都通过了,到了上九,我们就知道检验合格了。这就是慎始厚终,小象叫作"以厚终也"。

我们从艮卦六个爻可以看出来,它一共有三个重点:第一,行;第二,动;第三,时。行是我们的方向,动是我们的动作,然后还要看时机对不对。同样一个动作,时对,就是好的;时不对,就是不好的。比如吃

饭时间到了,就要告诉大家赶快用餐,吃完了,再去做事情。如果时间还没到,有人就在餐厅里面催,就会搞得大家都没有办法做事,这就不好了。所以,同样一个动作,要跟时配搭起来,一旦时错了,就要赶快调整。总归一句话,及时做出合理的动作,就是修行。

及时做出合理的动作,就是修行。
——《易经》的智慧

艮卦告诉我们,每一件事情,都要做到自己自善。真正要做到自己自善,就要找到那个合理点,这不是一下子就能完成的。所以《易经》告诉我们,要循序渐进,一步一步来,这就是渐卦。接下来,我们就来讲:循序渐进。

易经的智慧·第一百一十五集　循序渐进

俗话说：女怕嫁错郎，男怕入错行。而《易经》中恰恰就有这么一个指导我们"嫁对郎、入对行"的卦象——渐卦。那么，渐卦真的能让我们婚姻事业双丰收吗？它究竟包含了哪些神妙玄机呢？

第一百一十五集　循序渐进

我们经常讲一句话，叫作按部就班，循序渐进。而且做事情一开始很顺利的时候，我们就会感觉太好了，这叫渐入佳境。可见，这个渐，就是慢慢的，不着急，按照次序来，当然也不是故意去慢。渐卦要告诉我们的就是渐渐发展、渐渐进步的道理，叫作渐进之道。

《杂卦传》说：**渐，女归待男行也**。渐卦用"妇女出嫁，有所归宿"这件事情来做比喻。一个女子要出嫁，应该经过男方主动提出求婚、送聘礼等程序，才可以答应。其实，渐卦跟婚姻本身是没有关系的，它只是透过婚姻来举例，告诉我们做任何事情不要求快，不要不顾程序、不顾过程。像现在所谓的来电、闪电结婚，都是不合乎渐道的。

我们先来看一下渐卦的卦辞（图115–1）：**渐，女归吉，利贞**。

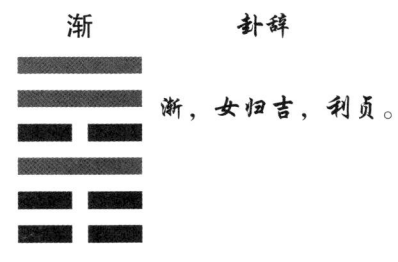

图115–1

"渐，女归吉"，我们可以解释说，如果采取渐的道理，一步一步按照程序进行，那女孩子出嫁的结果是好的。我们也可以这样解释，女人以外为归，因为她要出嫁。嫁到什么地方去？跟自己姓氏不同的家庭。这个时候女子一定要记住，要一步一步发展，不要急。应该两个家庭先了解一

下，彼此互动一下，看看是不是情投意合，看看两家的背景有没有什么应该调和的地方，最好再找个媒人，按照婚姻的程序开展，这叫作渐进之道。

就男士而言，如果有步步高升的理想和要求，而又真正走上渐道的话，一定是大吉大利的。

在婚姻上，要遵循"渐"的原则，按部就班，一步一步地发展，才会获得好的结果。在工作中，如果也慢慢来，会不会被误认为不求上进呢？那么，我们究竟应该怎么做，才能实现渐卦所说的事业上的大吉大利呢？

渐卦象辞说：*渐之进也，女归吉也，进得位，往有功也。进以正，可以正邦也。其位，刚得中也。止而巽，动不穷也。*

"渐之进也，女归吉也"，遵循渐道，慢慢去进行，出嫁之后才会吉祥。

"进"，在这里可以理解为男生求学、参加考试，或者求职。好不容易得到一个工作机会，我们把它叫作进升，意思是总算进入这个行业了。"得位"，就是得到一个职位。"进"不一定有位，刚开始进去的叫作新进人员，过一段时间，确定自己的"位"之后，才叫"得位"。这里有个先后的次序。"往有功也"，有机会进入，得到合适的位置，并有所表现，有了功劳，才可能步步高升。

"进以正"，不管在哪个行业要求一个工作机会，都必须光明正大。什么叫光明正大？比如找工作的时候不走后门，不到处请托，利用关系。要考试就考试，绝不弄虚作假。进去是要好好工作的，不是混一混拉倒，要有这样的考量。

一个人，要有往前推动的力量，有向前发展的行为态度，而且必须守正。"进以正"的精神和心态，就"可以正邦也"。不管做什么事情，目标正确，不偏不倚，一步一步往前走到最后的精神，是可以用来治国的。

第一百一十五集 循序渐进

这样各位就知道为什么中国人一讲到修身,马上接着说齐家、治国,就是这个道理。

一个人,要有往前推动的力量,有向前发展的行为态度,而且必须守正。
——《易经》的智慧

"止而巽,动不穷也",凡事适可而止,就不会带来危险。要出仕为官,最好不要一下子就当高官,显得比别人出身高,其实是不太有利的。再说,没有基层的实际经验,就算当了高官,也不知道该如何发号施令。有一句话叫作"宰相必起于州部",就是说要从底层开始历练,对下面的实际状况有所了解之后,再往上去升,这是渐卦给我们的一种启发。

我们要充分了解渐卦的道理,做任何事情要先把目标搞正确,把方向搞明白,心思端正,态度良好,自然会有发展的机会,自然越来越勇,进而才会一路顺利,这就是渐的好处。

只要目标正确、心态端正,并且一步一步往前推进,我们的事业自然会越来越顺。但是,自我要求固然简单,如果一个集体甚至一个国家,要共同达成一个目标,我们又该怎样去要求别人?让"正"能量也影响到其他人呢?

渐卦大象传说:**山上有木,渐。君子以居贤德善俗。**

渐卦上卦为巽,代表木;下卦为艮,代表山(图115-2)。但是这个卦跟木、山都没有关系,它并不是在讲山和木之间的关系。它只是通过山与木描述一种现象,远远看到一座山上有很多树木,但是离得太远,看不清楚,只能看见山上的树木是一层一层的。换句话说,山势虽高,但不是凭空而来的,而是按部就班、循序渐进、逐级而上的。

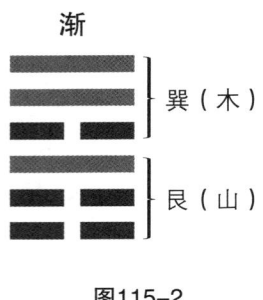

图115-2

当然，现在我们知道，山以前很可能是在水里面，甚至在深海里面，后来经过地壳的变动，才露出地面，形成高耸的山脉。但是这个过程往往要经历漫长的时间。

君子看到这种现象，就应该有一个觉悟：以居贤德善俗。作为君子，要养贤德，要移风易俗，使得周围的风俗习惯越来越端正，越来越合乎人性，越来越善良。怎样才能做到呢？用权势，不行；采取法律途径，好像也不太好。所以，最好的办法就是用教化的方式。那么由谁来做呢？其实《易经》告诉我们，人人都可以做。因为我们不是用威势，不是用法律，也不是少数人的责任，我们只是在发挥一种现在叫作参考权的东西。每个人自己都好好做，大家自然会看到，至于别人要不要向我们学习，我们尊重他的选择，这不是很好吗？

如果能以知足、谦卑的态度来对待周遭的人，周遭的人跟我们互动了以后，自然会有些感应，进而受到好的影响，改变原有的坏习惯。这就是我们今天常讲的移风易俗。因为所有的事情，刚开始都是很好的，慢慢地大家发生偏差、误解、扭曲之后，才搞得越来越乱。这个时候就要好好想一想，是不是有些事情没有按部就班去做，要不要及时调整过来？所以，渐卦是我们每个人都需要学习的。

老子讲过一句话：上善若水。其实渐的意思跟"上善若水"有点相似。我们都很清楚，一般入水是由浅到深的，水面的扩张是由近及远的，整个过程按部就班，循序渐进。如果水流从中间断了，或者出现别的不正常的问题，一定要去追究原因，否则的话，等祸患来的时候，就

第一百一十五集　循序渐进

后悔莫及了。

从渐卦也可以了解到，"象"是一种现象，现象是做参考用的，我们要追寻的是现象背后的道理，也可以叫作本体，或者本质。这些对我们来说才是更加重要的。

虽然渐卦一再提醒我们，要按部就班、循序渐进。但是，即使我们有意识地去按部就班，一旦实际行动起来，也难免会出现差池。那么，在这种情况下，我们该怎样调整，才能获得好结果呢？

从卦序上来看，渐卦排在艮卦的后面，但从卦形上来看，渐卦非常像否卦（图115-3）。否卦上卦三个阳爻，下卦三个阴爻，而渐卦只不过是否卦的第三爻跟第四爻互换了一下（图115-3）。这给了我们一条新的去了解一个卦的途径。之所以否，是因为上下不相交，即无法交流和沟通。但是现在已经开始在沟通了，而要沟通当然从上下卦最接近的地方，即三爻跟四爻开始。否卦的第三爻跟第四爻稍微对调一下，即上面跟下面开始有互动，开始能沟通，就是渐的开始。然后，渐渐扩大沟通的层面，渐渐扩大商量的范围，最后到了充分沟通的时候，就变成了泰卦（图115-3）。这是我们每个人都可以做的事情。

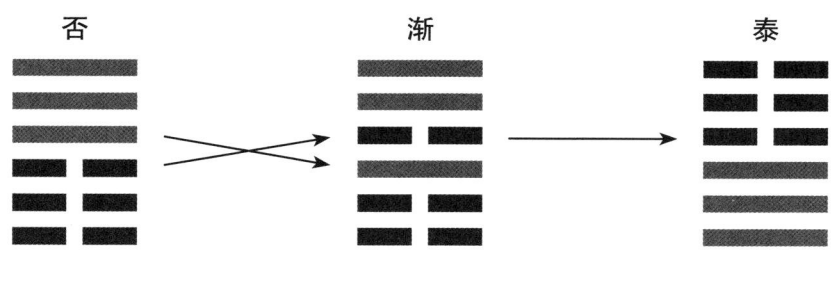

图115-3

同时，我们看到，渐卦初六和上九不当位，其余二、三、四、五爻全都当位。这告诉我们，就算心里头有按部就班、循序渐进的准备，可是在实际行为上面，也很难说一开始就当位。如果把渐卦初六爻变初九爻，上九爻变上六爻，整个卦就变成既济卦（图115-4）了，每个爻都当位。当然，一出手就当位，最后慎始善终，这种概率并不是很高。

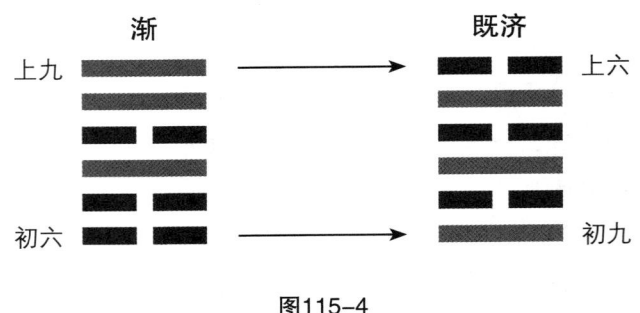

图115-4

因此，渐卦提醒我们，虽然已经意识到要一步一步来，但是往往由于很多因素，一出手就错了，那就要赶快调整。比如我们第一次到公司工作，由于不懂事，冒犯了别人，甚至做了很多可笑的事情，但是很快调整过来，而且往后的每一步都很谨慎，这自然是好的。但是，往往情况有所好转之后，很多人就得意忘形，最后还是搞得乱七八糟。所以，从卦爻变化的角度，我们应该可以体会到很多道理。

渐卦告诉我们，要按部就班去走，一个人刚开始不懂事，别人原谅他的错误，包容他的缺失，还是给他合适的位置，在这种情况下，就要一步一步小心谨慎，才会"往有功也"。但是到了最后，要特别注意，因为九五那一关是很难过的。用我们现在的话来说，就是退休之后怎么办，到底是要走阳爻还是走阴爻？

渐卦六个爻的爻辞都是拿鸿雁来做比喻的。鸿雁是候鸟，什么时候往南飞，什么时候往北飞，完全配合天时。它们飞的时候有一定的秩序，有时候像"一"字，有时候像"人"字，很壮观很有条理，一点不乱。而且最要紧的是，一只鸿雁的配偶死去之后，剩下的那只永远保持单身。这都在提醒我们，做事情不但要有条理、次序，还要耐得住，而且当碰到缺陷的时候，要知命。这里面含有很多宝贵的教训与经验。

第一百一十五集　循序渐进

作为一个女性，一定要找到合适的对象；作为一个男人，一定要负起整个家庭的生活责任。我们以前就是这么界定的，当然，现在可以交换，我们也没有意见。如果你是男的，找一个对象有能力负担家计，你依附在她身上，也未尝不可。问题是你们两个要谈好，双方愿不愿意按照共同的理想，循序渐进，一直走下去，还是互相利用一段时间就算完了。

不管做什么事情，我们要有一个总的思维，即固定的目标。目标不变，生活的法则不变，方式可以变，方法也可以调整，但是一定要从头到尾，坚持对这件事情的忠贞不贰。这是人之所以为人的一个基本条件。有了这样的一个概念，我们就可以放心地来分析渐卦的六个爻。接下来，我们就来讲：悠久稳健。

易经的智慧・第一百一十六集　悠久稳健

无论是初涉职场，如日中天，还是即将离休，在不同的时期，我们都会面临不同的困扰。而渐卦的六个爻，在每一个环节都给我们提供了走出困境、化险为夷的指导方法。那么，渐卦六爻究竟给身在职场的我们，提出了哪些警示？而我们又该怎么做，才是达到真正的事业成功呢？

第一百一十六集　悠久稳健

渐卦六个爻，通通采用鸿雁的象。鸿雁是一种水鸟，当北方山上的树木开始落叶的时候，它们由北方飞往南方；等北方的冰溶解了的时候，它们又由南方飞往北方。往来有时，而且飞行的时候，先后有序。渐卦，用鸿雁的这种状态来告诉我们怎样做人做事，才能像它们一样有条理、有秩序，进而更加安全、有效。

我们先从初六爻看起，爻辞（图116-1）说：**鸿渐于干，小子厉，有言，无咎。**

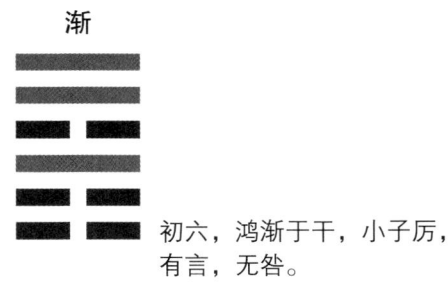

图116-1

"干"，就是水跟岸相连接的地方。"鸿渐于干，小子厉"，鸿雁这种水鸟，要接近陆地的时候，首先停在水边。有些小孩子很调皮，趁这个时候，扔石头吓唬它们，如果它们不赶快躲开的话，是很危险的。"有言"，小孩无知去捉弄鸿雁的时候，大人看到了就说"不可以"。小孩知道了这些道理之后，改变了态度，鸿雁就能安然无恙。

初六，阴居阳位，不当位，而且跟六四爻也不相应。实际上爻辞在讲一个初出茅庐的年轻人，刚刚找到工作进入一家公司，这时候应该了解到，自己目前就是初六爻这种状态。社会经验欠缺，别人指指点点，而且

上面也没有人支持和教导。

"有言",就是有人嫉妒。别人看他这么年轻就找到这么好的工作,而别人当年考了很久才进来,然后开始怀疑他,甚至造谣,说什么他大概是领导的亲戚,是领导把他带进来的,或是地方恶势力,用钱买进来的……不管别人怎么说,一定要忍耐得住,不要发脾气。

为什么最后是"无咎"呢?就是提醒我们千万记住现在是在渐卦,而渐卦有一条规则,即一直要正。就算刚刚从学校毕业,对社会不了解;就算刚刚工作,对公司的组织不了解;就算受到别人的排挤,甚至于他们造谣生事,讲了很多对自己不利的话……也要持之以正,该做的就做,不该做的少管,不要自作聪明,也不要懒惰,有问题多向同事请教,这样当然无咎。这个人进来的时候是走正道的,进来以后又持续走正道,就算别人想尽办法打击、排挤,甚至故意出难题,过一阵子以后,他也就无咎了。

初六小象解释得很清楚:*小子之厉,义无咎也*。"义",是合乎礼义。一个人不违背礼义,坚持走正道,自然无咎。"厉",危险不安的意思。"小子之厉"从哪里来,为什么会有厉?因为新进员工对老员工是很不利的。

我们都知道,新进人员总是比较努力,这时候,老员工会怎么想呢?第一个,他们会想,我们熬了两三年才熬到现在,稍微迟到一点没关系,稍微懒惰一点也无所谓。偏偏他进来了,早来晚走,工作那么勤奋,他想干什么呢?当然,这也是老员工心里很正常的表现。第二个,他们会想,老板招进新人员,是不是想把老员工逼走?都是在做同样的工作,而老员工拿的薪水多,工作效率又不如新员工。所以,老板就利用这种方法,想把老员工排挤出去。因此,老员工一看到新来的人,自然会想办法把新人排挤走,因为老员工要自保。

在这种情况之下,作为新员工,要怎么做呢?记住初六爻本来就是不当位的,而且跟上面不相应。上面会看着新员工自己去挣扎,让其自生自灭。他干吗出手帮忙呢!帮忙就意味着得罪一些老员工。在这种情况之下,新员工就要持之以正、高度忍耐。虽然有危险,但是自己要想办法站稳,就无咎了。

第一百一十六集　悠久稳健

初六爻就像是试用期，新进人员经过一段时间的磨合适应之后，最终转为正式员工。虽然刚刚转正，但是六二爻却告诉我们：吉。为什么一个初涉职场的新进人员，刚一转正就能获得吉祥的结果？这其中有哪些方法，是值得我们借鉴学习的呢？

六二就完全不一样了，既当位又跟九五相应。说明上面人开始赏识，觉得这个年轻人不错，经过那么多艰难的挣扎，受排挤、受压力、受冤枉，竟然站住了脚，于是就给了他一个适当的位置。换句话说，刚进来的时候，只是进来而已，还没有得到位，而现在得到了位，终于可以站得比较稳了。

先看六二爻的爻辞（图116-2）：**鸿渐于磐，饮食衎衎，吉。**

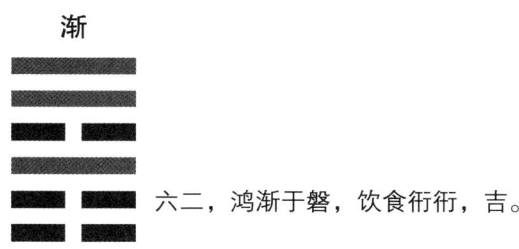

图116-2

"衎衎"，和乐的状态。上面领导赏识，自己的位置稳了，同事之间也熟悉了，表示经过一段时间的努力，自己表现很好，得到了大家的认可，也获得了进一步提升的机会。

我们可以这样说，初六是试用阶段，到了六二的时候，老板才把他当作编制内的员工，也就是把他当作自己人看，然后他才站稳。就好像鸿雁，站稳在靠水稍微远一点的那块平稳的石头上，开始安全和乐地吃东西。这当然是很吉祥的。

六二小象说：**饮食衎衎，不素饱也**。"不素饱"，就是不会无功受禄。换句话说，心里笃定自己的位置大概安稳了，只要好好工作，大家就

不会像自己刚来的时候那样被打压和排挤。但是要记住,除了好好做之外,还不能无功受禄,才可以保持"饮食衎衎"。最起码工作完成以后,吃饭时间可以很安逸,心里很快乐,对自己的职位也不再有比较不安的感觉。这就像上了保险一样。接下来,持续往前走,好好努力,好好表现,那当然是吉顺的。

新进人员初入职场,就凭借着自己的努力和上司的赏识,开了个好头。按照常理来说,应该趁热打铁、大展宏图才是。但是九三爻却提醒我们:凶。为什么在前景一片光明的时候反而会凶?九三爻对于身在职场的我们,还有哪些警示呢?

初六跟六二都是阴爻,阴爻比较能够适可而止,而且渐卦下卦是艮卦,都在告诉我们不要一进来就求表现、求急功,更不要一进来就有太多意见。新员工表现得好,老员工就会起疑心,虽然这样,新员工还是比较容易把握得住,容易站稳脚跟的。但是九三就不一样了,九三阳居阳位,不仅当位,而且还处于艮的顶点,比较难以控制自己。现在位置稳了,大家也熟了,工作还做得不错,便开始沾沾自喜。这种心态在九三爻就充分表现出来了。

九三爻辞(图116-3)是:**鸿渐于陆。夫征不复,妇孕不育,凶。利御寇。**

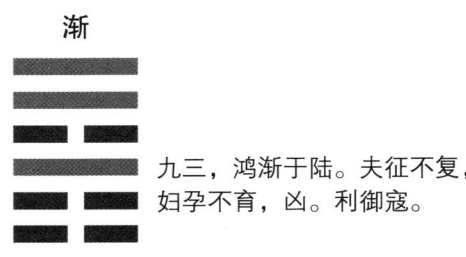

图116-3

第一百一十六集　悠久稳健

初六无咎，六二吉，九三凶，这是什么意思？鸿雁飞过来，先在水边了解一下环境，然后就在离水边不远的磐石上站稳了，它想再进一步，就进入了远离水边的陆地。看到一片平原，于是就到处去找东西吃，慢慢地离群体越来越远，这样就越来越危险。好比丈夫出远门，最后竟然忘记了回家。

作为人家的丈夫，怎么可以一年到头不回家呢？丈夫只知道出征，不知道自己还有一个家需要照顾。所以，家里面的妻子也无法怀孕，怀了孕也不敢生育，因为用今天的话来说，那就像是私生子，怎么敢生下来呢？这样，最后一定是凶的。

有没有化解的办法呢？当然有。爻辞说"利御寇"，就是告诉老板，如果碰到这样的员工——整天在外面不顾家，整天求表现，不顾群体的感受，最好办法就是"御寇"，用今天的话来说，就是派他到外面去。我们要知道，九三的毛病就是知进不知退。

因此，九三小象解释说：*夫征不复，离群丑也。妇孕不育，失其道也。利用御寇，顺相保也。*

我们可以从几个方面来了解。官场上，经常有很多不甘寂寞的政客，他们到处勾结，造成很多腐败，这就是"失其道也"。职场上，有些人出差的时候，不卖公司的产品，反而去卖别家的东西，赚点外快。还有些在车间的人，偷点东西回家，偷偷卖掉。这就是九三的所作所为。

一个人在团体里面，一定要保持团体的秩序，遵守团体的规章制度，不可以搞什么特殊化，再说凭什么非要跟别人不一样呢？如果一个人对公司还有用处，而又无法跟其他人相处得好的时候，老板就会把他外派出去。其实这种情形，在公司里面非常多。

> 一个人在团体里面，一定要保持团体的秩序，遵守团体的规章制度，不可以搞什么特殊化。
> ——《易经》的智慧

很多老板都跟我讲，凡是那种认为自己很有才华、名校毕业、高人一等的员工，我拿他没办法，就会让他做一些自己可以包办的小事情。而那些需要大家分工协作的大事情，就不会交给他，因为这样的人一定跟别人处不好。道理就是这样的。

渐卦的主旨在于要求我们要稳当踏实、循序渐进。如果过度冒进，不仅对自己不利，还容易遭遇所谓的事业瓶颈期。但是渐卦的上卦却告诉我们，这些都是渐进过程中的正常现象，只要我们坚持住一个原则，就能破除一切困难。那么，这究竟是一个怎样的原则？最终是否还能获得吉祥的结果呢？

六四爻辞（图116-4）是：**鸿渐于木，或得其桷，无咎。**

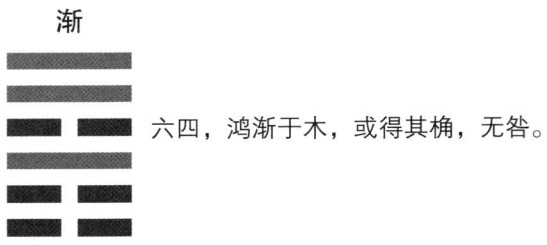

图116-4

当一个人，总是被老板外派的时候，就应该好好反省一下。当老板老是给你做一些小的事情，大事情从来不考虑你的时候，同样应该反省一下自己的问题出在哪里。就是因为你太好高骛远了，只知道盲目按照自己的想法去做，而不顾及整体的合作。这个时候必须很柔顺地来适应并调整自己，才可以无咎。如果能调整过来，就有机会进入高层。当然任何人想走到九五，都需要经过一番调整，把所有的问题都化解掉，才可能有机会。

接着看九五，其爻辞（图116-5）讲得很清楚：**鸿渐于陵，妇三岁不孕，终莫之胜，吉。**

第一百一十六集　悠久稳健

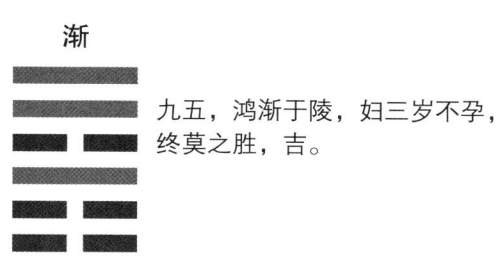

图116-5

"陵"，高地、山峰。"鸿渐于陵"，鸿雁由北往南飞，要经过雁门关，雁门关是鸿雁飞行道路中的最高峰。意思是说，只要能够飞过雁门关，就等于回到家了。换句话说，在我们前进的过程当中，虽然出现很多问题，遇到不少困难，但最后还是克服了，从而获得自己所需要的东西。

再说清楚一点，夫妇之间，就算有了误会，有了隔阂，只要两个人守持正派，守持忠贞，自然会化解，会复合，然后把之前的不愉快忘记，这样还是可以吉顺的。所以，不管进入一个机关、机构，还是公司，在从新进人员到基层主管、再到干部的晋升过程中，有顺也有不顺，但是只要永远走正道，别人自然会慢慢了解，因为日久见人心。这样下来，该给自己的别人自然会给，自己该得到的也自然会得到。

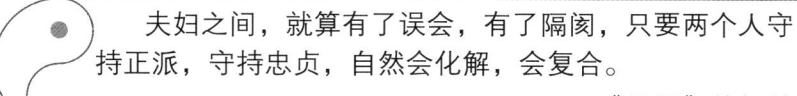

夫妇之间，就算有了误会，有了隔阂，只要两个人守持正派，守持忠贞，自然会化解，会复合。
——《易经》的智慧

我们从渐卦的初六爻一路奋斗，来到了上九爻，也就到达了事业生涯的尾声。很多人因为害怕退休，而沮丧或者逃避现实，却忽略了上九爻的一个重要使命。那么即将离岗的上九爻，究竟还有什么使命没有完成？作为上九爻又该如何实现真正意义上的功成身退呢？

上九爻辞（图116-6）是：鸿渐于陆，其羽可用为仪，吉。

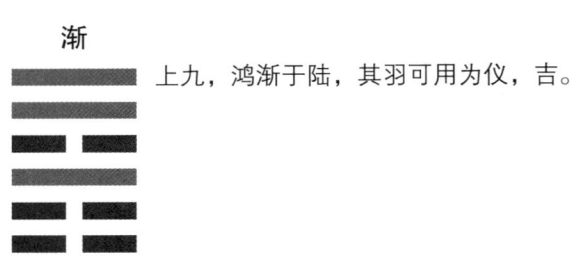

图116-6

"鸿渐于陆"，飞过了高陵，慢慢地要飞到陆地上来。"其羽可用为仪"，羽毛非常洁美，可以作为表率。一个人非常注重自身仪表，别人就会把他当作典范来学习，这样自然吉顺。这是什么意思呢？上九在九五登峰造极之后，不能再继续往上冲了，否则就不知道会冲到哪里去。如果飞机到了目的地的机场，还不降低高度，慢慢下降，那是要干什么呢？这是一样的道理。所以，登峰造极之后，要慢慢往下来。大家可以看到，九三爻有一个"陆"字，现在上九爻也有一个"陆"字，意思是说最后一定要回归原来的地方。否则，一直求上，求到最后，就不知所往了。

人一定会老，工作的年限再长也是有期限的，总不能死不交棒吧？但是交棒退休之后，要做什么呢？记住一句话：其羽可用为仪。还是要端端正正、实实在在地保持原来的风范，因为会被别人拿来当榜样。换句话说，一个人工作告一段落，到年限退休了，或者自己感觉到体力吃不消不能继续工作之后，还是要维持以前的那种风范，做任何事情，不缓不急，按部就班，给别人提供一个榜样，提供一个学习的机会，就会很吉顺。

老实讲，仕途当中难免有一些"利令智昏"的人，他们本来很明智，可是遇到关乎自身利益的事情就昏昏沉沉的，进而贪恋禄位不知道功成身退，这种人的结果多半是凶的。历史上可以看到太多这样的案例。

上九是渐卦的终点，不应该被以前的权势禄位所迷惑。不管之前多么辉煌，如果在下台的时候做得很漂亮，就吉顺了，就可以被当作典范。大

第一百一十六集　悠久稳健

家要记住，上台容易下台难。下台很有艺术，就好像上九一样，虽然不当位，可还是能保持自己原来的样子，留给后人一个很好的观感。这是非常了不起的。

渐卦之后就是归妹卦。归妹卦一向被认为是，姐妹共嫁一夫，如何来相处的卦。但是现在，时代背景已经改变了，所以我们想把归妹卦理解成兄弟共同接受领导，来把事情做好。因此，接下来，我们就来讲：情理难抉。

易经的智慧・第一百一十七集　情理难抉

当亲情遭遇理智，该如何抉择？这是人们有可能面临的一大难题，而《易经》中的归妹卦，正是代表着这样一种境况。那么，归妹卦认为亲情重要还是理智重要？如果无论怎样抉择都会受伤，又有没有一种方法，能够尽量减小伤害呢？

第一百一十七集　情理难抉

以前我们都把归妹卦解释为，姐妹两人同时嫁给一个丈夫。大家猛听起来，一定会觉得很奇怪，为什么要这样呢？有一句话，我们一定要常常放在脑海里面，要了解《易经》，必须了解伏羲氏当年，或者文王当年的时代背景。因为每一个时代，有每一个时代的不同作风。

归妹卦所讲的姐妹两个人共侍一夫的状况，我们大可从当时的时代背景中找到解释。当年尧帝要选帝位的继承人，大家都举荐舜。尧考察了一番之后，觉得大家举荐的这个人不错，于是就把自己的两个女儿，同时嫁给了舜。如果用现在的观念来看，我们会觉得尧的做法是不正确的。但是，我们最好心平气和地来分析一下。

古代帝王都是三宫六院，妻妾成群，为什么会这样呢？他们只是为了满足自己的享受吗？当然，现代人可以讲出很多理由来批判以前，但这种做法是不合适的。仔细想一想就知道，古代帝王大概只做三件事情。第一件，祭祀，即祭天、祭地、祭祖宗。现在北京的天坛，就是当年皇帝祭祀的地方。在当时，每一次祭祀都很隆重，因为用现在的眼光来看，祭祀就是教化。皇帝透过祭祀昭告天下，不要忘记祖宗，不要数典忘祖，不要忘掉根本。第二件，决定是否战争。如果谁都可以决定战争的话，那天下岂不是大乱了？所以要不要打仗，要不要动武，只有帝王自己可以决定。第三件，大家听起来就觉得好笑了，就是大量地生儿子。为什么要特别讲这件事情呢？因为皇位要有继承人。如果没有继承人，后果如何，我们从历史上可以看得很明白。大家也许会问，继承人要一个就够了，干吗生那么多儿子？这个答案也很可笑，就是生少了不够别人杀。想想看，只要是帝王的儿子，就有很多人想杀死他，因为杀死他自己才有机会。

所以，从这些角度来看，我们就知道为什么六十四卦里面，会有一个

卦讲到姐妹共同嫁给一个丈夫，并把它当作一个情况来研究，这是有道理的。

帝王，必须要有三宫六院，其中皇后是最大的，也是其他人共同的目标。谁想办法把皇后扳倒，这个人就有机会成为皇后，所以后宫的内斗，其实也是很残忍的。吕后杀戚夫人，武则天害王皇后，过程都非常残忍，这都是事实。我们只看到战场上的惨烈，文官武将的恶斗，其实内宫也是很惨烈的战场。因此，才会出现干脆姐妹一起去的情况，万一姐姐不能生，或者姐姐病重，或者是姐姐出现什么问题，最起码妹妹会好好照顾她，甚至接替她维持皇后的名位。帝王家这样的做法，后来慢慢传到民间，只是民间不叫妃嫔，而叫妾或者偏房。姐姐往生了，再把妹妹扶正，渐渐成为民间的一种风俗。

很多人因此指责、看不起这样的妹妹，觉得她很有心计，夺姐姐的丈夫，对姐姐来说很不公平。我们再说一遍，不要用现在的时代背景和批判标准，去攻击古代的制度和风俗，那是不合理的事情。姐妹之间必然有一股亲情，不至于像其他人那么残忍，最显著的一个案例，就是赵飞燕和赵合德。

汉成帝得到赵飞燕之后，非常宠爱她，于是就把她的妹妹一起收进宫里。可赵飞燕在没有嫁给皇帝以前，是有心仪的情人的，只是他去了前方打仗。所以，即使嫁给了皇帝，她仍然心心念念以前的情人，而在这个情人打仗回来之后，二人还私下里见过面。这在当时绝对是死罪。但是她的妹妹赵合德想尽办法去争取成帝的欢心，多番掩护她。大家想想看，如果不是亲妹妹，能容许赵飞燕这样做吗？所以，凡事不要只看到一个方面，还要多想想深层次的含义。

其实古代诸侯的正妻，经常是两个妹妹陪嫁，这么做的目的，也是为了保持两个家族的始终和好。那么，中国最古老的智慧经典《易经》，为什么要将姐妹共侍一夫，这种婚嫁情况独立成卦呢？难道归妹卦在一夫一妻制的今天，就失去意义了吗？

第一百一十七集　情理难抉

《杂卦传》说：*归妹，女之终也*。从这里面，我们可以看出这个卦的用意。"妹"，少女的意思。有人说，弟妹不就是弟弟跟妹妹吗？不一定，自己家里人才叫弟妹，到了外面，弟弟往往代表少男，妹妹就是少女。"归"是什么意思？大家可以看到，嫁女儿，或者人家来供货，多半会写四个字：于归之喜。换句话说，女孩子嫁出去就叫作"于归"，所以归就是嫁的意思。归妹，就是嫁少女的意思。女人嫁人是她的归宿，归宿就是终究要这样做，即"女之终也"。

《序卦传》说：*进必有所归，故受之以归妹*。归妹卦的前一个卦，是渐卦，任何事情都要循序渐进。"进"到最后一定有所归宿，所以在渐卦之后，"受之以归妹"。

当然，现在大家很难了解，也很难接受姐妹共侍一夫的情况，因为我们现在是一夫一妻制。难道这个卦没有用了？当然不是，可以换一个角度来看，假定兄弟共侍一主，即哥哥跟弟弟在同一家公司服务，是不是一样的道理呢？这样的话，能不能跟其他人说他们完全是同事身份？就算他们能把兄弟的情分撇掉，可别人始终认为他们是兄弟。如果兄弟二人争功劳，弟弟不给哥哥留任何情面的话，大家会怎么看呢？一般同事之间了不起是彼此有意见而已，虽然他们也是同事，但毕竟那是哥哥，别人会认为弟弟目无兄长，进而想到他们家怎么样。反正不管是姐妹，还是兄弟，只要彼此争宠，必然惹出祸端。

我们一起来看一下归妹卦的卦辞（图117-1）：*归妹，征凶，无攸利*。

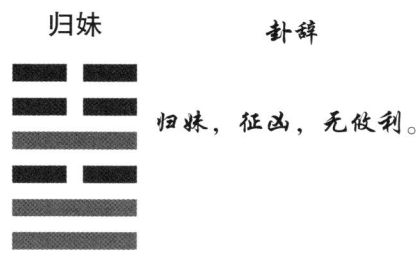

图117-1

"征",争宠,进而争斗。归妹卦是从渐卦来的,渐卦是要进的,进到最后,就开始恶性竞争,不择手段,最后必然有凶祸。"无攸利",就是无所利,一点好处都没有。

象辞说得更清楚:归妹,天地之大义也。天地不交,而万物不兴。归妹,人之终始也。说以动,所归妹也。征凶,位不当也。无攸利,柔乘刚也。

"归妹,天地之大义也",男人到了适婚的年龄,就要结婚娶妻;女人到了适婚的年龄,就要出嫁。一个婚一个嫁,男婚女嫁这是天地的大义。"天地不交,而万物不兴",春夏秋冬之所以能够循环往复,生生不息,是因为天地相交。如果天地不交,即没有变化的话,万物就不能兴旺成长。同样的道理,如果男女之间没有婚配的话,人类就不可能生生不息,所以说"归妹,人之终始也"。

归妹卦表现的是少女出嫁的情况,这正是符合天地大义,能够使人类生生不息的行为。这样一个对人类有着重要意义的卦,为什么卦辞中只强调会产生凶祸的这一方面呢?象辞中的"归妹,人之终始也",又为什么用终始,而不用人们常说的始终呢?

前面已经讲过很多次了,《易经》中多数讲的是终始,而不是始终。因为,由始到终,很可能就此断掉了。我们常说始终如一,这没有错,因为人的寿命有限,到死便是终了。但是对自然而言,是终而复始的,叫作贞下起元。《易经》之所以经常用终始,就是告诉我们要想办法维持这种生生不息的传承。

那么,归妹卦跟以上这些有什么关系呢?其实,我们现在只要做到三件事情,人类就毁灭了。第一,不婚,即不结婚。第二,不生,即结婚而不生小孩。第三,不育,即如果怀孕就流产,如果生了小孩就丢掉。只要人类不婚、不生、不育,人类很快就灭绝了。很多人认为这是小事情,可是小事情往往会变成大事情。所以,归妹卦讲的是如何能够让一件事情长

第一百一十七集　情理难抉

长长久久，生生不息，虽然当中有变化，但是不影响传承。

"说"，通悦。"说以动"，归妹卦的下卦是兑卦，兑是很喜悦的意思；上卦是震卦（图117-2），震就是动。"说以动"，高高兴兴的有所作为。"所归妹也"中，"所"是可的意思。"说以动"，就可以归妹了，即可以嫁给这个对象了。一个女生，每次跟这个男生在一起，内心都很喜悦，而他也不是呆呆的，有一些适当的表现，这叫两情相悦。两情相悦，再加上一个渐进的过程，就可以做婚配的事情了。

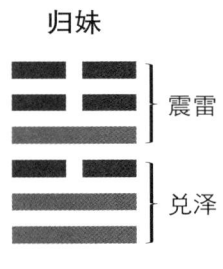

图117-2

"位不当也"，是在解释为何"征凶"的。从卦象上来看，归妹卦九二、六三、九四、六五这四个爻都是不当位的。所以，虽然就是"归妹"这么简单的一件事情，但是实际上里面有很多问题，我们要小心谨慎。

"无攸利，柔乘刚也"，归妹卦六三在九二之上，以阴乘阳；六五在九四之上，也是以阴乘阳。所以，"柔乘刚"的意思是说，妹妹去欺负姐姐，弟弟去斗哥哥。这是大家很厌恶的事情，当然不吉利。

虽然归妹卦兑下震上的卦象中充满了凶险，但《易经》向来没有绝对之说，总会有出路。那么，归妹卦的出路在哪里？从归妹卦的大象传中，人们又能收获什么启示呢？

归妹卦大象传说：*泽上有雷，归妹。君子以永终知敝*。这实实在在告诉我们一件事情，就是阴从阳。从归妹卦的卦象来看，上卦为震，是阳

卦；下卦为兑，是阴卦。上卦为雷，雷开始先动，然后泽水也跟着动起来，这就叫作阴从阳。

归妹是自然的现象，君子看到以后，就悟到四个字：永终知敝。"永终"，希望能够永远有结果，持续不断一直走下去。任何事情都应该慎始善终，但是这里讲的不是慎始善终，而是慎终以始，即一开始，就要想到让它善终。妹妹要么不陪姐姐出嫁，既然陪姐姐嫁给人家了，虽然知道自己比较吃亏，但还是要守分，并一直坚持到最后，这才叫永终。

要永终就必须要"知敝"。"知敝"是什么意思呢？作为妹妹，要事先知道陪姐姐嫁给人家，可能产生的弊端。比如，第一个自己会受不了，第二个别人会怂恿，第三个丈夫会偏爱，甚至在自己面前给姐姐难堪……这种种可能会出现的情况，妹妹事先就要想办法预防。

当然，我们现在是一夫一妻制，上面的情况几乎是不可能出现的。但是我们可以扩展一下，把它变成如果弟弟看到哥哥在一家公司做得很好，他也想去，这个时候弟弟心里头要有一些准备。比如，第一，自己毕竟是弟弟，如果进去，老板更赏识怎么办？第二，如果有一天升迁得比哥哥快，又该如何应付？第三，如果比哥哥做得好，哥哥会怎么想？父母会怎么看？其他人又会有怎样的批评……像这些可能发生的流弊，弟弟事先要有心理准备，知道怎么因应，还要抱定永终的决心，即不管怎么样，不能伤害兄弟之间的感情。这才是归妹卦在现在的应用。

其实，归妹卦只是在拿婚姻，甚至是兄弟共事一主，这样的情况来做比喻，最终归妹卦是在谈论亲情与理智相冲突的境况。这是为什么呢？当人们碰见这样的难题时，又该如何抉择呢？

归妹卦是很麻烦的，前面已经讲过了，它有四个爻是不当位的。大家想想看，弟弟刚进哥哥所在的公司也许是服服帖帖的，有哥哥照顾，而且哥哥在公司资历比较深，又把自己引进来，感谢还来不及呢，所以事事谨小慎微，听从哥哥安排。可是过一段时间以后，弟弟的心里会发生变化：

第一百一十七集　情理难抉

我一辈子都被哥哥压着吗？既然我们是一家人，就一起表现好了。他会找出很多诸如此类的理由。

归妹卦下卦是兑卦，表示我们一再强调的亲情。亲情是很难得其正的，我们已经讲过多次了，家庭不是讲道理的地方。很多人听起来觉得很奇怪。我们跟外人没有亲情，当然可以讲道理。可是在家里，我们能跟自己的妈妈说"你怎么早上没有把家里收拾好"这种话吗？我们只能是，既然妈妈没有把家里收拾好，一定有她的原因，然后自己赶快去整理。

归妹卦之所以有四个爻不当位，就是告诉我们这本来就是不正的：亲情跟理智，是最难摆平的。所以，兄弟二人一开始就要商量好要不要同进一家公司，这是非常重要的。甚至扩大一点说，夫妇一开始就要商量好，是在同一个单位服务，还是去不同的公司各奔前程。有人说这不是很简单吗？也不见得，因为这里头还牵扯到很多问题。比如说大家都选择在IT行业，哥哥在这家公司，弟弟在那家公司，两家公司也都欢迎，可是他们是竞争对手。若是这家公司的信息被那家公司知道了，对方会不会怀疑兄弟二人呢？所以，这也是很麻烦的事情。

　　亲情跟理智，是最难摆平的。
　　　　　　　　　　　　——《易经》的智慧　

三国时代的诸葛亮，跟他的哥哥诸葛瑾就是典型的例子。诸葛瑾在东吴，诸葛亮在蜀汉，东吴想要回荆州，孙权就打诸葛瑾的主意，认为诸葛亮毕竟是诸葛瑾的弟弟，让他去说服，再合适不过了，还威胁诸葛瑾要是做不成，就杀了他。所以诸葛瑾不能不去，可是诸葛瑾一来，诸葛亮怎么办？如果诸葛亮过分跟他亲密的话，刘备又怀疑：你们兄弟搞什么鬼，是不是想把我出卖了？如果避不见面，传出去像什么话呢？当然，诸葛亮处理得很好，只在公共场合跟他哥哥见面，而且讲的都是冠冕堂皇的官话。实际上兄弟到这个地步，也不见得是很美满的。

所以,"永终知敝",就是说为了能够持续到最后而不变节,必须事先知道可能发生的种种弊端。——分析之后,再决定要不要这样做。如果这样做了,就要坚持到底。这是归妹卦给我们最大的启示。接下来,我们就来讲:知敝永终。

易经的智慧·第一百一十八集　知敝永终

婚姻大事，人人都希望有个好的结果，一生幸福美满，然而现代社会，不能相伴到终了的夫妻越来越多，这究竟是为什么？归妹卦告诉人们，只有知敝才能永终，那么包括婚姻在内的任何事情，又该如何做到知敝呢？

第一百一十八集　知敝永终

归妹这个卦，为什么用"归"字呢？因为它表示的是从自己这里出发，到对方家里面去，即嫁女。如果娶的话，就是从对方那里进入到自己家门。中国人的男婚女嫁，也叫作男娶女归，它是有一个以哪一家为主的次序的。现在很多人对这些观念很模糊，最好能够趁这个机会弄清楚。

天底下并不是说一定要有尊卑，但最起码要有一个主从关系，不能因为拒绝尊卑，就连主从的观念都抛弃了。如果觉得主从的"从"字不好听，也没有关系，总要有主和伴吧？要不然的话我们还怎么做事情？想想看，三个人在一起，如果有三个意见，谁来做决定呢？现在很多家庭之所以矛盾重重、意见很多，就是因为没有主和伴的观念。谁做主呢？我们主张两个人共同商量，一个做主，一个陪伴，或者外面的事情丈夫做主，家里的事情妻子做主。这样就会减少很多矛盾和冲突。

归妹卦告诉我们"说而动"，有了喜悦，动了感情，但这种事是私情，不是正理，所以不能够完全用理智的方式来讲道理。因此，从归妹卦第二爻到第五爻，都是不当位的，尤其里面还有柔乘刚的情况。妻子压制丈夫，丈夫受委屈，就叫柔乘刚，其实今天这种状况还是很普遍的。所以，凡是这样的家庭，虽然说名誉上挂的是男的当家长，实际上都是女的在当家，进而女人的责任变得很大。但这不是男女的正道，为什么？因为一个男人在家里畏畏缩缩惯了以后，到外面去就完全没有大丈夫气概。不管到哪里，别人都看不起，人家一眼就会发现他在家里被妻子管训。

因此，我们一直主张，男孩子要培养成有丈夫的气概，女孩子要教成好媳妇儿，即良好的女人气度。现在社会，往往是男不男女不女，这并不是正常的现象。要知道，天下凡是以仁义道德相结合的，就会长长久久；

凡是以利害关系相结合的，大概都不会长久。现在，我们经常可以看到这样的情况。很多女生结婚的时候，司仪当着父母的面问："你愿意嫁给他吗？"女生毫不停顿，立马就回答："我愿意！"这样做的人有没有想过置父母于何地呢？这样做就等于当场宣布要脱离自己的父母，脱离自己的家。其实，当新娘子高高兴兴跟谁都有说有笑的时候，最难过的就是妈妈。

> 凡是以仁义道德相结合的，就会长长久久；凡是以利害关系相结合的，大概都不会长久。
> ——《易经》的智慧

一个女生，到底是因为什么被男生看上，这点要深切去了解，因为知敝才能永终。如果说是以色来结合，即靠自己的美丽外表吸引男生，那我们送给她五个字：色衰则爱弛。当女生年老了，姣好的容颜不再有，那么爱情也就没有了。所以，我们动不动就在结婚的场合说什么"郎才女貌"，其实是在诅咒人家，而不是恭贺。讲的人自己不懂，听的人也没有感觉。这是现代社会应该学习《易经》的原因。

现代社会中，人们的婚姻观念存在许多误区，导致婚姻关系极易破裂。那么，《易经》中的归妹卦，蕴藏着怎样的道理？人们能从中找到婚姻长久的秘诀吗？

归妹卦六个爻，只有首尾两爻是当位的，但要保持当位，当中还要经过很多磨合，受尽很多苦难，我们要有这样的心理准备。

先看初九爻，爻辞（图118-1）讲得很清楚：归妹以娣，跛能履，征吉。"娣"，指的是随着姐姐出嫁的妹妹。初九在整个卦的最下位置，它的下面又是泽的底，表示初九本身就是卑下的。

第一百一十八集 知敝永终

图118-1

当妹妹要随姐姐出嫁的时候,要知道自己的身份地位是不能跟姐姐比的。这就好比"跛能履",好像跛了一只脚,但还可以走。为什么呢?因为只要妹妹小心翼翼,按部就班,还是可以稳步向前的。"征吉",不妄自做主,不非要抢先不可,稍微安分一点,慢慢稳当地往前走,还是可以吉顺的。有人会问,走到什么时候呢?说难听一点,就是姐姐往生的时候。不能看到姐姐老了,自己还年轻,就动歹念,趁机巴结丈夫,取代姐姐,这是很可能会发生的事情。当然,初九是当位的,说明妹妹现在还比较理性。可一旦陪姐姐嫁过去,就没有什么理性可言了,完全是感情的互动与摆平,讲道理是没有用的。

接着看九二,爻辞(图118-2)是:**眇能视,利幽人之贞**。

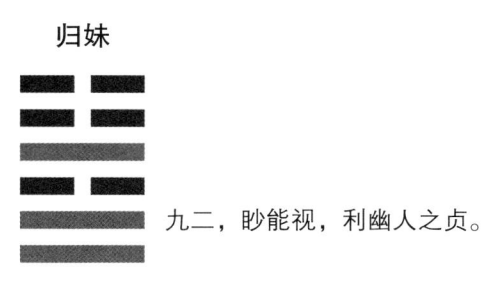

图118-2

"眇能视"前面少了"归妹以娣"四个字,我们一再讲过,古人说话能省就省,精简为要。既然妹妹决心要陪姐姐出嫁,就好比自己有一只眼睛是看不清楚的，只是勉强能看见东西而已。这告诉我们，腿虽然不利于行，可只要按部就班，决心好好走，还是可以向前的，但是嫁过去以后，就进入了第二个阶段，这时候要睁一只眼闭一只眼，很多事情不要去计较。

"利幽人之贞"，必须很幽静，才对自己有利。今天的人很喜欢讲淡定，淡定就是幽静恬淡的意思。要认识到自己是妹妹，不能跟姐姐争，即使看到姐姐跟先生很恩爱，也要恬淡处之。妹妹必须坚守自己是"幽人"的正道，才会有利，否则的话，随时会出现问题。

初九刚进来，还在适应环境，姐妹一条心。可是到了九二，姐姐就把这里当作是她的家，而妹妹不行，她还得处处为姐姐设想，替姐姐打点，可能妹妹的心里会越来越觉得委屈和不平衡。但是这个时候要记住自己的承诺，一定要维持下去，否则就会出现问题。

坚守承诺的决心，是婚姻能够长久的必要条件，然而并不是曾经下定决心，就一定能做得到。那么，一旦决心动摇，又该如何是好？有没有什么方法，能够避免决心动摇呢？

六三爻就开始提出警告了。六三是兑卦的最上一爻，再往上就是震卦，开始动了。泽水要"动"最厉害的就是这个第三爻。

六三爻的爻辞（图118-3）是：归妹以须，反归以娣。

图118-3

第一百一十八集 知敝永终

"归妹以须"中，"须"是需要等待的意思。六三爻告诉我们，陪姐姐出嫁这件事情，如果妹妹没有事先充分想清楚，到了第三个阶段就完全把持不住了。所以，事先一定要清楚自己将要面临的处境，并坚定走下去的决心。爻辞一再提醒我们，不要答应得太快，最好考虑一段时间。

"反归以娣"，是什么意思呢？就是不要以色去讨好上六。六三跟上六不相应，很显然它们不会按照正道来呼应。所以，妹妹只好反过头来以"娣"的身份陪姐姐出嫁，但是这样做是不妥当的，还不如干脆不要答应嫁。因为一旦跟着嫁过去，到了六三的阶段，妹妹有任何风吹草动，对家庭伦理都是有伤害的。

我们现在再把下卦理清楚一点。哥哥所在的公司招人，弟弟想去，就要按照这三爻的警示好好想一想。比如弟弟进去以后怎么跟哥哥相处，自己的表现比哥哥好或者比哥哥不好，其实都是问题。如果弟弟表现得好，哥哥就被别人看不起，他心里就不舒服，甚至会把气发到弟弟身上；如果弟弟表现得不好，人家也会笑话哥哥，这样的弟弟还好意思介绍过来？弟弟自己也跟着倒霉。这个情况跟妹妹随着姐姐去出嫁，是一模一样的。所以，很多道理我们可以类推，做适当的转移。

归妹卦的下卦三爻，都强调了在做任何行动之前，就要想到将来有可能发生的弊端，再判断自己能否应对；而一旦下定决心，就要矢志不渝，这样才有可能永终。那么，归妹卦的上卦三爻，又能给人们怎样的启示呢？

九四跟六三，都不当位，但是所处的卦象不同，前者处在震卦，是动的，后者处在兑卦，是悦的。九四提出告诫，一定要看看即将嫁的对象好不好，才能做这个决定。而不是说妹妹为姐姐牺牲，或者被姐姐勉强，或者妈妈要求，或者出于其他任何压力，甚至想气气自己的男朋友，便随姐姐出嫁了，这更加糟糕。

九四爻辞（图118-4）说：归妹愆期，迟归有时。

归妹

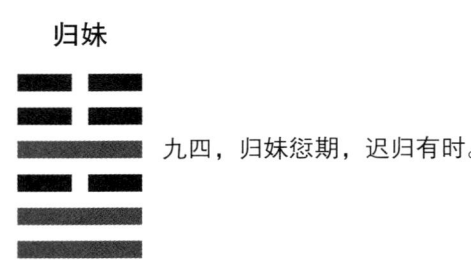

九四，归妹愆期，迟归有时。

图118-4

打算嫁，可是又错过了那个期间，这是什么意思？九四不当位，跟初九也不相应。换句话说，妹妹心里有很大的障碍，根本不愿意随姐姐去出嫁，所以就故意拖延时间。男方提亲总有个时间限制，妹妹拖延过了那个期间，别人自然就知道她的意图了。

在我们中国社会，很多事情是不能明讲的，因为明讲很容易伤害大家的感情，因此才会借故推三阻四。当然，妹妹也可以直说自己没有这个意愿，家人也会尊重，因为大家毕竟也是希望看到妹妹能够幸福的。现在，很多人老是觉得古代的婚姻是买卖，完全是父母之命，这都是曲解，而不是实际的情况。

接着看六五，爻辞（图118-5）是：*帝乙归妹，其君之袂，不如其娣之袂良，月几望，吉。*

归妹

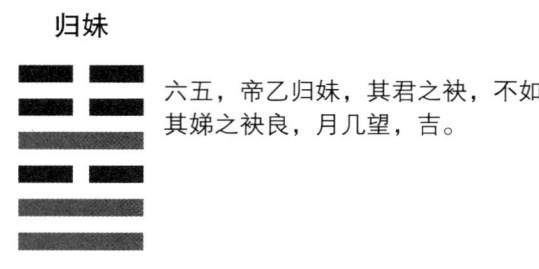

六五，帝乙归妹，其君之袂，不如其娣之袂良，月几望，吉。

图118-5

"帝乙归妹"，天子的长女要出嫁。六五是天子之位，所以这里用

第一百一十八集　知敝永终

"帝乙"。"袂"，衣袖，在这里引申为才气。"其君之袂，不如其娣之袂良"，姐姐的才气不如妹妹。比如赵飞燕的才气在跳舞、才艺方面，至于真正用头脑的地方，还不如她的妹妹赵合德。所以，姐姐不见得方方面面比妹妹强，她只是永远比妹妹年长而已，其他的都很难说。

"几"，将近；"望"，满月。"月几望"，月亮快要满月的时候，这是什么意思呢？就是姐姐心里要有数，妹妹随自己出嫁，但是她在才气方面远胜自己，所以姐姐要开始防备，不能完全满足妹妹的要求。"月几望"，即是月亮几乎要圆，但是永远不让它圆，当然是对妹妹而言。

对六五来讲，九四的要求不可以完全接受，不可以完全满足，否则将来后患无穷。如果在这种前提之下，九四还愿意跟从，那是可以欢迎的。如果从现在开始，九四就不愿意样样遵从，觉得自己嫁过去有名无实，干脆算了，那也是好的。

归妹卦上卦为震，表示动。告诉我们，做姐姐和做妹妹的分别要怎样考虑自己的事情，把它转到兄弟身上也一样。哥哥在把自己的弟弟介绍过来之前，要想想他会不会出洋相，会不会制造纰漏，给自己增添麻烦。如果哥哥说不过弟弟，而弟弟又不听哥哥的，那还是干脆算了为好。

可见姐妹之间要各自衡量，兄弟之间也要将心比心，这样大家才有办法做到永终，即始终如一地保持彼此之间的亲情。

归妹卦从初九爻走到六五爻，就是为了做到永终而一步步调整的过程。然而，是否经过调整，就一定能得到好的结果呢？一旦结果不如人意，又该如何平衡心态呢？

上六在六五之上，告诉我们动到最后的话，妻妾一定是争宠的。我们老是想说"齐人之福，不是福"，就是这个意思。现在摆得平的，慢慢年纪大之后，也会无能为力，等哪一天地位衰落了，岂不更是糟糕？

老实讲，上六也给我们很大的启发，其爻辞（118-6）是：**女承筐，无实；士刲羊，无血。无攸利。**

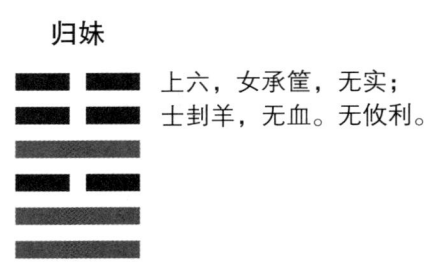

归妹

上六,女承筐,无实;
士刲羊,无血。无攸利。

图118-6

"女承筐,无实",处在上六爻的状况,好比少女拿了一个竹筐,但里边空空的什么也没有。"士刲羊,无血",又好比一个男人杀了一只羊,连一滴血都没有。这都是一场空,叫作"无攸利",即无所获利,得不到任何好处。

上六小象说:**上六无实,承虚筐也**。斗了一辈子有什么用呢?还不是空空如也。"承虚筐也",竹子编的箩筐,本来可以盛很多东西,但是现在什么都没有了。意思是说,只要争不到位,光受宠有什么用呢?

战国时候的苏秦就是很典型的例子。苏秦落魄回家的时候,受尽妻嫂的气。妻子看不起他,说他不争气,只会吹牛,向嫂子要口饭吃,嫂子也不给。后来当了宰相以后,衣锦还乡,妻嫂二人的态度完全不同。妻子连正眼看他一眼都不敢,嫂子跪在地上道歉。所以,上六用"女"、用"士",而没有用"夫妇",就是告诉我们,这根本不像夫妇。

我们把整个卦总起来看一下,初六再怎么谨慎,都难保上六会有好结果,这就是大象传会把"永终"摆在前面的原因。虽然上六是当位的,可是到了那个时候,也就是最后关头,往往行百里者半九十。任何事情,最后那五分钟是最关键的,经常五分钟守不住,整个都完了。慎始比较容易,善终万般困难!那怎么办呢?就是我们要有这样的觉悟,也许到头来会一场空,但是没有关系,我们事先知敝,一步一步防备,至于最后结果怎样,那就怎样吧。到那时候,大家年纪也大了,还计较那么多干什么呢?这就是孔子一再提醒我们的,尽人事,最后不过是听天命而已。

第一百一十八集　知敝永终

慎始比较容易，善终万般困难！
　　　　　　　　——《易经》的智慧

谁都没有办法说自己现在知敝，就一定可以永终。现在下决心要永终，就一定可以如愿以偿。兄弟当初再怎么要好，说翻脸就翻脸的事情也屡见不鲜，然后还讲得很清楚——各为其主，把责任推得一干二净。其实诸葛瑾跟诸葛亮，最后也是处得不愉快。诸葛瑾认为自己的身家性命都在人家手里，弟弟一点不替自己着想；诸葛亮觉得自己为刘备，也没有办法。虽然已经处理得很好了，但是到最后，毕竟两个人都是一场空，实在令人叹息。

既然"永终"那么困难，我们就要想一个办法来保持这个好的结果，因此，归妹卦之后就是丰卦。归妹卦搞了半天，最后也不过是想丰而已。接下来，我们就来讨论丰卦：没有丰以前怎样求丰，有了丰以后怎样保丰。所以，下一集，我们就来讲：求丰保丰。

易经的智慧・第一百二十九集　求丰保丰

精神物质双丰收，恐怕是人人都梦寐以求的。然而有的人努力了一辈子，也不一定能达到这样的境界，有的人虽然达到过，却不可避免地走向了衰败。人们究竟怎么做，才能求丰保丰呢？《易经》中专门针对这一问题的丰卦，又会给出怎样的解答呢？

第一百一十九集　求丰保丰

我们读《易经》，最好是将两个卦一起来研究。譬如说，第五十三卦是渐卦，说的是任何事情都要按部就班、循序渐进。第五十四卦说的是可以得到一个成果，即有所归，所以叫归妹卦。归妹卦到最后，又回到渐卦，因为到最后都是一场空。大家也许会问，这不就是我们平常所讲的轮回因果吗？实际上不是。真正了解《易经》的人一定会发现，《易经》有轮回的效果，却没有轮回的迷信，这是一个非常重要的观点。如果连《易经》都鼓励我们迷信因果，那它就没有什么价值了。《易经》只是告诉我们，当走到这一步的时候，下一步可能会出现什么问题，意思是提醒我们去避免，至于能避免多久，要靠自己。

现在我们又面临两个卦，一个是丰卦，另一个是丰卦后面的旅卦。有人立马会说，丰就是有钱，有钱就要去旅行，所以丰、旅相综（图119-1）。其实也不是这样的。以前资讯贫乏，交通非常不方便，出一次门没有现在这么便捷、愉快，所以"旅"在以前是很凄惨的，即家破人亡、流落他乡。

图119-1

"丰",是大的意思。那这个卦为什么不叫大,而叫丰呢?因为大不足以形容丰。丰卦是《易经》里面的第五十五卦,一、三、五、七、九叫作天数,二、四、六、八、十叫作地数,天数、地数相加,正好是五十五。丰卦之所以被安排在第五十五卦,就是因为掌握了天地之间最大的资源,拥有最大的权势、最多的人民。

丰卦是一个很了不起的卦。要使大的更大,不但有大的形,而且有大的质,不但在物质上丰富,还要在精神上丰裕,这两方面一定要兼顾。换句话说,一方面要使国土广大、人民众多,另一方面要使国家富有、百姓纯良,这是非常难的事情。所以,可以说这绝对不是帝王一个人就能做到的。治理一个小国家比较容易,但要治理一个这么大的国家,而且各地风俗民情都不一样,那就困难得多了。因此,丰卦最主要的是告诉我们,领导人不要总计较自己有多大能力,有多少资源,否则就显得自己气度太小、格局不大,而是要使自己所领导的人民,在物质精神双方面都很丰盛,这时候一定要做到四个字:知人用人。因为要达成这样的局面,光凭领导人自己是无法做到的,必须透过很多人的共同努力。

《杂卦传》写得很轻松:**丰,多故也**。一听到丰,我们就知道很好,比如丰硕、丰美、丰大、丰盛、丰富,都是好的。"多故",不是多事故,"故"在这里解释为故交的意思。以前的朋友,平常也不怎么来往,他们突然间都来了,这就是丰盛。想想看,一夜之间,连自己的小学同学都来了,连平常都谈不上亲戚的人也来认亲戚,换句话说,连不认识的人都要主动来跟自己扯上关系,对自己而言,这不就是"丰"吗?《杂卦传》是很有意思的,从这个角度去体会,就能明白什么是人情世故。

丰卦象征着精神物质双丰收的景象,然而丰卦之后就是旅卦的排序,却让人们认识到,越是处于巅峰之时,越有可能一夜之间跌落谷底。其实丰卦的卦辞,也向人们暗示了这种危险,究竟卦辞都说了些什么?对于如何保持丰盛局面,卦辞又是否给出了合理建议呢?

第一百一十九集 求丰保丰

丰卦卦辞（图119-2）说：丰，亨，王假之，勿忧，宜日中。

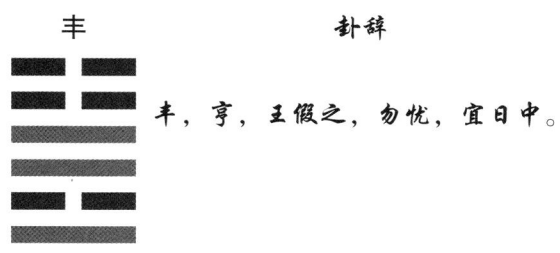

图119-2

丰卦象征的就是丰大，丰大当然亨通。但是我们也注意到，"元亨利贞"四个字，卦辞中只用了一个"亨"字，这是什么道理呢？就是丰大亨通的局面，是靠奋斗得来的，不是一开始就有的。"亨"的后面之所以没有"利贞"，就是为了警告我们，要丰盛当然不容易，可要摔跟头却是很简单，就算现在亨通了，也不一定能一直持续下去。

"假"，指的是现在的情况。"王假之"，一个君王，奋斗到这样的地步。"勿忧"，即已经没有忧虑了，也可以解释成不必忧虑。因为造成今天丰大亨通的局面，原因很多，但其中最要紧的一点就在于君王的德行很好。所以，德要丰就显得非常重要，否则即使出现好的局面，也是表面的、暂时的。用今天的话讲就是泡沫，一转眼便不见了。

"宜日中"，应该抬头看看日正当中。日正当中，指的是如日中天的状况。虽然现在太阳挂在天空正中间，可是一刹那就要开始西移了。这是在提醒我们，君王的德行能够维持多久，丰大亨通的局面就能持续多久。这样我们才知道，为什么以前的帝王一碰到祸国殃民的大事情，就开始责备自己德薄。他们不能说自己没有能力，否则的话，让国之大臣怎么想呢？毕竟他们大部分都是非常有能力的人。所以，帝王只能责怪自己德行不够，不能知人用人。

无论求丰还是保丰，都离不开一个"德"字。对于帝王来说，"德"

就是知人用人，那么对于普通百姓来说，"德"应该如何定义？人们又该如何善用德行，来求丰保丰呢？

一个人奋斗一生，都希望有那么一天事业可以如日中天。但是就算这样的格局还能维持，我们自己大概也已年老，力所不能及了。这是事实。

丰卦象辞说：**丰，大也，明以动，故丰。王假之，尚大也。勿忧，宜日中，宜照天下也。日中则昃，月盈则食，天地盈虚，与时消息，而况于人乎！况于鬼神乎！**

"丰"，就是大。"明以动，故丰"，是什么意思呢？我们看丰卦的卦象（图119-3），上卦为震，下卦为离。震卦是动的意思，离卦是光明的意思。光明而活跃，就是"明以动"。这告诉我们，一个人一方面要有足够的光明，不管内心还是行为，换句话说就是不要做见不得人的事；另一方面要很活跃，因为有活力，就能让光明普照得持久一点。所以，这个卦取名为丰。

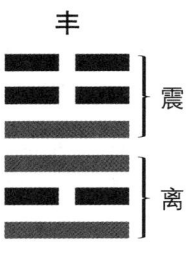

图119-3

"尚"，崇尚的意思。"王假之，尚大也"，当帝王、当领导的，他们的责任就是让局面丰大。如果没有这种德行，如果做不到，干脆让别人做好了。一个人想要当一家公司的董事长或者总经理，要先问问自己，用今天的话来讲，就是能不能将公司做强做大。其实做强做大都还没有达到丰，做强做大，再加上有价值才叫丰。干部能够充分发挥自己的能量，员工不用整天担心被炒，这样的公司才不会垮掉。"勿忧，宜日中"，在这

第一百一十九集 求丰保丰

种形势大好的时候,可以不必忧虑,只要好好维持下去就行了。

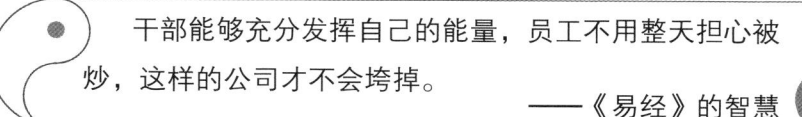干部能够充分发挥自己的能量,员工不用整天担心被炒,这样的公司才不会垮掉。
——《易经》的智慧

"宜照天下也",应该以丰沛的德行,来普照天下。但这句话只是讲了表面而已,大公无私才是它真正要说的。一个人虽然普照天下,但谁也不知道他的动机是什么,他是为自己的家人,为自己的后代,还是为别的什么,谁也说不清楚。历史上很多帝王,生前完全为死后而准备,花费倾国之人力物力,仅仅为了建一座死后的陵墓,到最后也只不过是一场空。所以,还不如发挥自己的能量,以真心诚意、公正无私的态度来照顾自己所能照顾的人。

"日中则昃",太阳升到天空正中间,很快就开始斜了。"月盈则食",月亮到每月农历十五最亮最圆的时候,第二天就开始缺了。这都是自然现象。"盈",充满;"虚",虚空。"天地盈虚,与时消息,而况于人乎!况于鬼神乎",天地的盈虚变动,随着一定的节气消亡生息。有消必有长,有起必有落,有盛必有衰,有生必有死,大自然都是这样的,何况人呢!我们都很清楚,历史上秦始皇很了不起,统一六国,建立秦朝,想着千秋万代延续下去,可惜历经二世便亡了。

"勿忧,宜日中"是指事物盛大丰满,发展到最佳状态时,就不必忧虑,然而这只是一种理想境界。事物的发展,有盛必有衰,有盈必有亏,如日中天之时,也就开始向衰败亏损转化。那么人们该如何应对这种必然规律呢?丰卦下离上震的卦象,又能给人们什么启示呢?

丰卦大象传说:**雷电皆至,丰。君子以折狱致刑**。雷就是上震,电就是下离。君子看到雷电一起来的时候,就想到要"以折狱致刑"。"折

狱"，公正明确地审理各种诉讼案子。"致刑"，适当地给予刑罚，来整治那些坏人。这告诉我们，丰除了形要丰盛、质要丰裕之外，还必须采取一套方法来保丰。也就是说对自己所统治、所领导的人，要有一套管制的方法。当然，我们今天讲法制，但那是很勉强的，并未达到《易经》的理想。

我们应该能够体会到，《易经》用天地之数来把丰卦衬托出来，就是说这已经到了饱和状态。任何事物到了饱和状态，我们就要觉悟到它不可能永远维持，最多只能延长而已。比如人能活多久？再久也有定数。自古以来，多少帝王想尽办法要永生不死，却没有一个能做到。所以，丰卦的卦名听起来很喜乐，但是它的爻辞都是充满忧虑的。

也许很多人读到这里会觉得心灰意冷，认为自己好不容易有了这么丰盛的局面，如果等到快临终了，再把持不住、一败涂地的话，真是凄惨得很。于是，就想尽办法要躲开丰卦之后的旅卦，这是不应该有的态度。我们只有一条路可以走，就是不断地充实自己的德行，这是《易经》讲得非常清楚的事情。要记住，一个人，唯一要不断改善的就是自己的德行，其他的都不可靠。我们每次讲《易经》的时候，都说人最后就是要求得心安理得，死而无憾。至于其他的，根本不是我们所能计较和控制的。

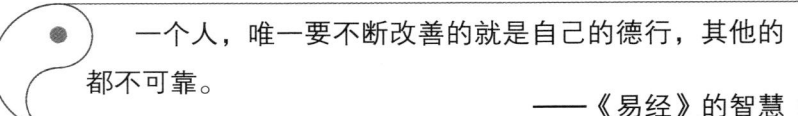

一个人，唯一要不断改善的就是自己的德行，其他的都不可靠。
——《易经》的智慧

当年，顺治皇帝好不容易得到江山，可是看到当时的局面不太乐观，就担心自己会把它搞垮，所以干脆不干了，一走了之。康熙即位的时候，才八岁，他也不清楚自己将要面对的形势，别人说好他不知道，别人说坏他也不知道，但是他知道，再难也要顶住。这一顶就是六十一年，并开创了康乾盛世，甚至被称为千古一帝。但不管怎么样，他还是死去了。我们这样讲，不是看破，而是看开。看破会在最高峰的时候，一走了之，而看开是说我们要提前了解人生最后的结局。

第一百一十九集　求丰保丰

面对事物发展总是消息盈虚的规律，人们只能选择"看开"，生活中人们也常用"看开点儿"来劝慰他人，甚至是自己。然而，人们真的明白什么是"看开"吗？"看开"究竟是一种怎样的心境呢？人生最后的结局，又该如何才能知晓呢？

一个人要学会并保有心平气和的心态，心安理得地看待后面的发展，并很自然地去接受。我们常说"得人者昌"，一个人有了丰功伟业，这个时候最要紧的就是找几位贤明的高士，从旁协助。这一点，康熙皇帝做得很好。他找了几个辅佐大臣来帮助自己，可是这些辅佐大臣也很麻烦，因为他们也是人，也有归妹那种一会儿这样、一会儿那样的变化。所以，康熙一生，一方面得到辅佐大臣的帮忙，另一方面不断地跟这些辅佐大臣对抗，并从中磨炼出自己的风格。尤其在选雍正的时候，最能表现出他的睿智。其实，他看上的不是雍正，而是雍正的儿子、自己的孙子——乾隆。他看出乾隆将来最能保丰，所以就选了雍正做接班人。

至于这里面有很多传言，暂且不管，我们只是拿这一事例来说明，一个人有了丰功伟业的时候，最要紧的就是找到可靠的，能够帮助自己把丰大的局面维持长久一点的那个人，如此而已。清朝最后也灭亡了，我们历史上最长的周朝维持了八百年，够长了，最后也不见了，毕竟这不是人力所能改变的事情。所以，从《易经》一卦接一卦的卦序，我们可以体会到大自然的这种生长消息的规律，而天、地、人、鬼、神，其实都是同一个规律。

实际上，延续才是最重要的。所以，我们在选接班人的时候，要汲取丰卦的教训，重视候选人的品德和理念。品德，是一个人基本的生活行为，合乎规矩，中规中矩。理念最难把握，是一个人想的到底是什么。下一集，我们就要分析丰卦的六个爻，希望大家提前做好心理准备，因为每一个爻都充满了忧虑。接下来，我们就来讲：处丰之道。

易经的智慧·第一百二十集 处丰之道

不论一个国家，还是一个组织，甚至是个人，处于精神物质极大丰盛的巅峰时，都会遇到各种各样的诱惑，丰大的果实有可能被蚕食殆尽。那么，人们该如何防患于未然，尽量长久地保住丰盛的成果呢？其实即使尽力保持，衰败也不可避免，那最终导致衰败的原因又会有哪些呢？

第一百二十集　处丰之道

丰卦六爻，有三个阳爻，三个阴爻，照理说阴阳是很调和的。但这只是数的方面的配合，在位的方面就很难讲了。三个阳爻分两段，三个阴爻也分两段，而且就整个分配状况来看，阴爻多数在上面，阳爻多数都在下面。这当中透露出一些危险的消息，我们要特别小心地来应对这样一个局面。

我们先从初九爻看起，初九爻辞（图120-1）是：**遇其配主，虽旬无咎，往有尚。**

初九，遇其配主，虽旬无咎，往有尚。

图120-1

初九爻辞没有出现"丰"字，告诉我们虽然这个卦叫丰卦，但是初九仅仅是刚开始，还没有什么"丰"可言。初九不要做梦，要想进入丰的局面，还差得远，这个时候要怎么办？

爻辞首先提出来的是"遇其配主"。"配主"，指的是九四爻。初九跟九四，都是阳刚之爻，即我们平常讲的硬碰硬。按照《易经》的通例，不可能是好的。可是爻辞给出了"无咎"，而且还说"往有尚"。"有尚"就是值得提倡的意思。我们再三说过，《易经》有通例就一定有例外，现在就是例外。所以这里的硬碰硬，可以理解成英雄识英雄。如果初九一开始就不说实话，喜欢把人际关系搞乱，而不是把事情做好，那怎么可能丰呢？所

以,"遇其配主"。"配",匹敌的意思。结果是"虽旬无咎"。不管别人怎么样,初九都坚持自己的原则,在丰卦里面,反而是一个好的开始。

历朝历代,我们可以看到太多这样的人。文将坚持,武将也坚持,虽然他们可能意见不同,但不是为了自己,而是共同为国家,这样的国家才有希望。因此丰卦初九爻有一个评语:往有尚。按照这种方法往前走,是值得我们推崇和提倡的。一个刚进入社会的年轻人,要圆通,根本就做不到,要好的人际关系,别人也不理睬。这个时候最好是按照原则把工作做好,扎扎实实地表现,慢慢就会得到大家的认可。

身处基层,最要紧就是有人赏识。如果没人赏识,可能一辈子都丰不起来。那么,靠谁赏识?不可能一下子就靠六五,毕竟六五距离初九太远。初九有什么作为,六五连看都看不到。所以,直接跟九四互动就好了。初九运气不错,碰到九四。九四也是坚持原则的人,也认为一切应该秉公办理,不可以徇私,而且应该当仁不让,不可以做乡愿,不可以毫无是非观念。这样事情就好办了。

如果丰卦的九四变成了六四(图120-2),整个卦就变成明夷卦了。明夷卦就是暗无天日。这样,初九作为基层,虽然坚持原则,但偏偏跟自己互动的主管是一个没有原则的人,只讲求人和为上,事情做得好不好反倒是另外的事。那么初九就倒霉了,很难有出头之日。这样对比一下,我们对丰卦初九爻辞就能理解得更加清楚。基层员工,要先看一看跟自己相对的主管是一个什么样的人,也就是他的德行如何。如果应该按照自己的方式来表现,就要表现;如果不该自己表现,就不表现。这样,我们的选择就有了一个标准。

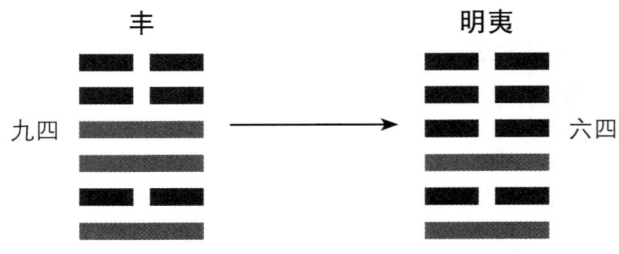

图120-2

第一百二十集　处丰之道

丰卦的初九爻告诉人们，越是处于丰盛的局面，越是不能被利益诱惑，首先要做的应该是坚持原则，脚踏实地地做好该做的事，如此便能受到赏识，进而达到如日中天的境界。然而，此时随之而来的就是对手为了争夺利益，而不择手段地攻击，甚至是抹黑。面对这些，人们又该以什么心态应对呢？

丰卦下卦是离卦，离卦代表太阳。初九是太阳刚出来的时候，六二就是太阳日正当中的时候。六二爻辞（图120-3）说：**丰其蔀，日中见斗，往得疑疾。有孚发若，吉。**

图120-3

"蔀"，指的是日食。"丰其蔀"，太阳明明在天空正中间，应该大放光明，可是现在却没有，因为发生了日食，太阳的光芒受到阻挡。"日中见斗"，大白天连北斗星都看得清清楚楚，可见黑暗到了极点。"往得疑疾"，碰到这种情形，不管怎么去辩解、说明、申诉，只能增加别人的猜疑而已。这告诉我们，当一个人还没有发达的时候，很容易坚持原则，有正确的目标，美满的理想，但是一旦有位、有权之后，就把之前的原则忘掉了，开始迷迷糊糊，昏昏暗暗。

丰卦中的上下两卦，处于中间的爻都是阴爻。我们说如果不是丰卦的话，什么爻都没有关系。丰，表示有资源可抢，有权势可争，有地盘可夺，于是大家纷纷开始不择手段。而现在六五昏昏暗暗，六二也昏昏暗暗，在这种情况之下，一个人受到冤枉、委屈，只好认了，不然能讲给谁

听呢？有人说，这不是很倒霉吗？当然不是，《易经》一定会给我们解药。六二爻辞把这种状况说出来以后，马上告诉我们要怎么办：有孚发若，吉。在这种状况之下，不要去申辩，不要去抗争，而是要坚持自己的诚信，到最后是会吉祥的。

老实讲，被别人冤枉，是我们的福气，因为吃亏就是占便宜。一个人没有吃亏，别人怎么知道他吃亏了，怎么会给予弥补呢？一个人没有受到冤枉，别人怎么知道他受了委屈呢？所以，当一个人受到冤枉、吃亏的时候，认了就好，因为别人迟早会发现，然后开始弥补。

"有"，在这里解释为用。"有孚发若"，用自己的诚信，来使得真相大白，对自己来讲，当然是求之不得的机会、大好的事情。所以，爻辞给出一个"吉"，这也是不容易做到的。

人们常说"吃亏是福"，却忽略了一个重要的条件，就是要坚持诚信。只有诚信的人，才能令抹黑之辞不攻自破，最终收获信任。然而，人生总是福祸相依的，好不容易冲破黑暗，看到曙光，却并不意味着一定能获得成功。对此丰卦的九三爻，会给人们什么建议呢？

九三跟上六是相应的，在整个丰卦里面，这是唯一相应的两个爻，照理说应该很好。我们先看九三爻的爻辞（图120-4）：丰其沛，日中见沫。折其右肱，无咎。

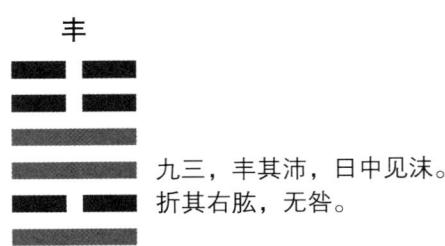

图120-4

第一百二十集　处丰之道

"日中见沫",虽然还是很黑,搞不清楚哪个是哪个,但可以看到零零星星的、星光闪闪的光明。下卦离卦本身就是光明的,现在九三又阳刚当位,当然光明。在离卦里面,唯一比较容易黑暗的就是六二,现在已经过了六二的阶段,慢慢开始亮起来了。

"折其右肱",好比断了右臂。为什么不说断左臂呢?想想看,一般人多半靠右臂做主力,如果左臂断了,可能不会受到很大影响,还可以继续工作,如果右臂断了,影响就很大。历史上,屈原就是很典型的例子。屈原受楚怀王的压迫,搞到最后无路可走,投河自杀。谁最倒霉呢?当然是楚怀王。因为这就等于楚怀王把自己的右臂砍掉了,所以,他就有咎,而屈原无咎。这样我们就可以理解,为什么把右臂砍掉,居然会无咎。

最黑暗的时代已经过去了,光明慢慢地到来,我们要做最后的努力。但是最后的努力,不见得有志就能伸,因为上六也是糊里糊涂的,要靠跟上六合作来把整个局面改观,很难。但是九三自己知道,就算做不到,也尽力了。最后倒霉的不是九三,而是上六。屈原想帮楚怀王的忙,结果楚怀王把他害死了,当然楚怀王倒霉。果然,老百姓还给屈原一个公道,每年都纪念他,但是却没有纪念过楚怀王。

九三小象说:*丰其沛,不可大事也。折其右肱,终不可用也*。在这种状况之下,是不能去做大事的。贤能的人,受到严重阻碍,君王言不听计不从,这时候只能明哲保身。上六虽然跟九三相应,但是它本身的处境很麻烦。上六在上卦的末端,上卦是雷,底下有力量,到上面就已经没有了,因而它也不能怎么样。上面没有强有力的人赏识、支持,领导方式又跟自己的表现不能相应,这样九三只好明哲保身,所以无咎。

前面已经讲过了,丰卦这个名字给我们很大的诱惑,实际上整个下卦都是明中有暗的,这是我们人类一定要面对的。最黑暗的时候就是光明的前夕,最光明的时候就表示黑暗快要到来了,历史就是这样的。

丰卦的下卦虽然是代表着光明的离卦,但每一爻都包藏着隐患,可见

处于丰盛的局面,想要保住丰大的果实,是十分艰难的。那么,丰卦的上卦——震卦,认为保丰的过程中,还会遇到哪些难题?人们又该如何因应呢?

我们现在进入到九四爻。初九跟九四都是阳刚的,初九称九四为"配主",现在九四叫初九为"夷主",这是什么道理?我们先看九四的爻辞(图120-5):**丰其蔀,日中见斗,遇其夷主,吉。**

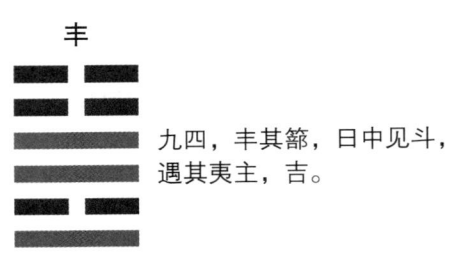

图120-5

"丰其蔀",就是又搞得昏天暗地。"日中见斗,遇其夷主",偏偏碰到初九。"吉",即非常好。

前面已经讲过了,这个时候初九跟九四,阴阳相应反而不好。如果那样的话,初九就无从做事情,也没办法做,怎么做都是错。九四跟初九有什么不同呢?初九以阳爻居阳位,是当位的;而九四以阳爻居阴位,不当位,而且又不居中。但是九四在震的开始,所以它不会去嫉妒贤明,为什么?因为九四是整个震卦的主爻,是震的主力,专心致志地在震,当仁不让地要尽自己的责任,它怎么会去嫉妒别人呢?所以,只有九四处于这种状况,才能够包容初九。虽然九四跟初九都很强硬,但是它们彼此互相配合、互相欣赏,大家都为公、不为私,因此吉祥必然会到来。

接着看六五,爻辞(120-6)是:**来章,有庆誉,吉。**

第一百二十集　处丰之道

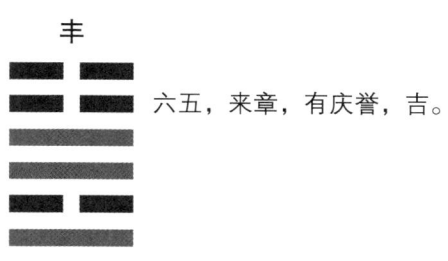

图120-6

"来",引来的意思。从哪里引来?六二。六二跟六五都是阴爻,照理说不相应。刚才讲过了,初九跟九四在丰卦里面虽然不相应,但彼此很配合,现在六五跟六二也是一样的道理。六二用自己的诚信来感动六五,让六五自觉不应该这样糊涂,而是要彰显自己原有的光明,为全民造福,所以就"有庆誉"。

六五小象说:**六五之吉,有庆也**。六五本来糊里糊涂的,怎么会吉祥呢?就是因为六五懂得知人,又会用人。"得人者昌",从六五这里可以得到印证。所以,作为一个领导,心胸要宽广一点,部属能干就说明领导会用人,如果因此压制他、嫉妒他,自己也不会有好结果。这就是丰卦给我们的一个很好的启示。

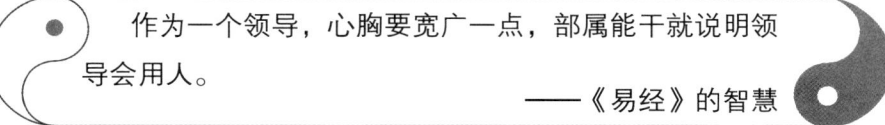

作为一个领导,心胸要宽广一点,部属能干就说明领导会用人。
——《易经》的智慧

其实从丰卦的初九爻到六五爻,虽然每一爻都充满了忧虑,但庆幸的是它们能够相互配合,即使得不到配合,也懂得明哲保身,因此一直都没有大的凶险,丰硕的成果还能保留至今。然而,丰卦的上六爻,却明确表示凶险已经来临,这是怎么回事?丰功伟业一夜崩塌,最终导致国破家亡的原因,又究竟是什么呢?

来到了上六,大家就知道丰不会长久了,后面接着是旅卦,要准备逃亡。我们先来看上六的爻辞(图120-7):丰其屋,蔀其家,窥其户,阒其无人,三岁不觌,凶。

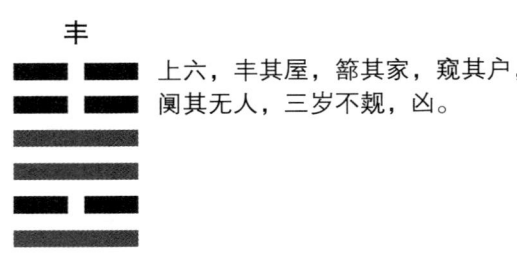

图120-7

"丰其屋",房子已经大到了极点,够丰大了。"蔀其家",整个家好像被阴霾所淹没一样。一个人不跟别人来往,别人也不敢来找他,所以家里死气沉沉的。"窥其户",偷窥他家,里面一个人都没有,意思是说稍微敏感的人都跑掉了,因为他们知道要出事了。这告诉我们,很多人为了求丰,走歪路,不择手段,结果就是上六这样。为什么"三岁不觌"?因为长久不露面。为什么长久不露面?因为这么有钱,怕被别人抢,怕被别人绑票,这样当然"凶"。一个人很孤立,跟外界不来往,能持久吗?最后一定是要遭遇凶险的。

上六小象说:丰其屋,天际翔也。窥其户,阒其无人,自藏也。房子那么大,只有一只小鸟在里面飞翔,看起来很快乐,实际上很无奈,因为它找不到栖息的地方。房子很大,要有人气,要人来人往,大家都来提供帮助,这个房子才有功能。现在人都跑光了,没有人气,只剩下一只鸟在里面孤孤零零地飞。"窥其户,阒其无人",外面的人偷偷往里面一看,居然空空如也,谁都不敢来了。"自藏也",自己把自己收藏、封闭起来。用今天的话说,就是宅男、宅女。这样的人要检讨一下,是别人不愿意跟自己互动,还是自己生怕跟别人互动呢?

上六到底在讲什么呢?一位君主,如果有朝一日,贤明的高士都不愿

第一百二十集 处丰之道

意跟他接触，都袖手旁观的时候，那么就说明他的"丰"已经快到头了。丰功伟业，是得人者昌的成果，要维持下去，就必须不断任用新的人才，大家齐心协力、共同努力。如果把人才都逼走了，贤明的人都不敢来了，房子很大，人很少，凄凄凉凉的，后果自然可想而知。

在历史上，上六有一个标志性的人物，就是唐明皇。唐明皇刚刚即位的时候，英明得不得了，知人善用，开创了"开元盛世"的局面。可是后来走到上六，发生了安史之乱，开明盛大的局面毁于一旦，真是凄惨。这告诉我们，凡事要事先防范，不要等到事后才后悔。读了丰卦，我们就要把这些过程、案例当作教训，事先防范，安度上六，这才是好的结局。

凡事要事先防范，不要等到事后才后悔。
————《易经》的智慧

我们平时经常讲一句话，叫作"富不过三代"。其实应该从丰卦里面去体会怎样从小培养自己的接班人，让他有正确的理念，即不仅有责任继承，还要继续去找高明的人来帮忙，继续把好的局面维持长久。如果做父母的，生怕孩子跟外界接触，怕人家占孩子的便宜，怕孩子出去学坏了，就很容易把孩子变成温室里的花朵，即上六说的"自藏"。这样下去，人家本来想跟他来往的，也都心灰意冷了。

孤寡高傲，最后的结果就是走上旅卦。旅卦是很凄惨的，流落逃亡，但是也充满了希望，就是怎么样从外面又打回来。亡国可以复国，整个产业破灭了，还可以重建，但那又是一段艰辛的历程。

曾仕强教授出版著作

类别	序号	书 名	定价
易经解析类	1	易经的奥秘使用手册	80.00
	2	百家讲坛——易经的奥秘	30.00
	3	易经的奥秘（典藏版）	58.00
	4	易经的智慧6	36.00
	5	易经的智慧5	36.00
	6	易经的智慧4	36.00
	7	易经的智慧3	36.00
	8	易经的智慧2	36.00
	9	易经的智慧1	36.00
	10	易经中的管理智慧	36.00
	11	易经良基（共六册）	192.00
	12	易经良基·中（共六册）	192.00
传统文化类	13	道德经的奥秘	36.00
	14	道德经与罗浮山	39.80
	15	长安家风	39.80
	16	孝经给现代人的启示	30.00
	17	孝就是道	30.00
	18	坤道——曾仕强教做出色的中国女人	39.80
	19	为官之道	30.00
	20	大学之道	30.00
	21	论语的生活智慧(上、下)	64.00
	22	论语给少年的启示	58.00
	23	论语给青年的启发	68.00
	24	论语的现代智慧	68.00
历史点评类	25	曾仕强点评三国之道：论三国智慧（上、下）	86.00
	26	曾仕强点评三国之道全集	128.00
	27	百家讲坛——胡雪岩的启示	30.00
	28	曾仕强评胡雪岩	29.80
	29	中华文化的特质	26.00

咨询热线：010-69292472